Sarah Jäger

NACH VORN, NACH SÜDEN

Lehrerheft

Real- und Werkrealschulabschluss

Julia Biedermann
Sabrina Undank

Inhaltsverzeichnis

Downloadbereich

- Illustrationen
- Zeilenmesser zum Ausdrucken
- Vorschlag für eine Figurenkonstellation
- Weitere Arbeitsblätter
- Lösungen zu Arbeitsblättern
- Weitere Schreibaufgabe
- Leistungsmessung mit Lösungsvorschlag (LH, S. 57 ff.)
- Interview mit Sarah Jäger
- Lösungen zur Differenzierung für den WRSA

Zugang zum Downloadbereich

Scannen Sie den QR-Code oder geben Sie den Link im Browser ein (ohne www. oder https://)

kugverlag.de/nachvornnachsueden-m

Passwort: **Nachvorn2023!**

Sollte der Kurzlink nicht funktionieren, können Sie diesen eingeben:
https://download.krapp-gutknecht.de/index.php/s/Qr5rLDiiswCdaF7

Vorwort

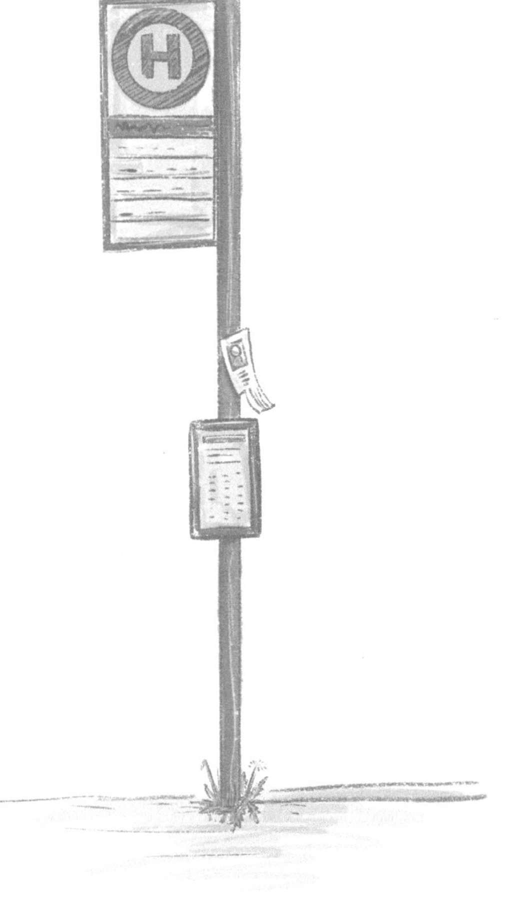

In Sarah Jägers Debütroman *Nach vorn, nach Süden* begleiten Sie gemeinsam mit Ihrer Lerngruppe die Protagonistin Lena auf der abenteuerlichen Suche nach sich selbst.

Als Lenas Hinterhof-Clique loszieht, um Jo, einen vermissten Freund, zu finden, gelangen die Jugendlichen auf ihrer Reise an unterschiedliche Orte und kommen sowohl sich als Freunde als auch durch immer weitere Hinweise Jo immer näher. Sie lernen im Roman viele junge Menschen kennen, von denen jeder seine eigenen Probleme, Themen und Fragen, aber auch Besonderheiten hat.

Sarah Jäger lässt Lena alias Entenarsch in ihrer jugendlichen Sprache, die durch ihr Lehramtsstudium auch geprägt ist von vielen Metaphern und sonstigen sprachlichen Mitteln, in einer für Jugendliche sicherlich ansprechenden und erfrischenden Art erzählen.

Nach vorn, nach Süden ist ein Roman mit vielen Motiven, Themen und Fragen aus der Lebenswelt der Schülerinnen und Schüler – Freundschaft und Glücklichsein spielen ebenso eine Rolle wie Alkohol-, Drogenkonsum und Gesetzesverstöße sowie die große Frage nach dem „Wer bin ich?".

Wir wünschen Ihnen und Ihren Schülerinnen und Schülern viel Freude und Erfolg bei der Erarbeitung dieses Romans!

Julia Biedermann und Sabrina Undank

Symbolerklärung

 **Leseauftrag**

 **Schreibaufgabe**

 **Downloadbereich**

 **Partnerarbeit**

 **Gruppenarbeit**

 **Recherche**

 **Kreativaufgabe**

 **Hörtext im Downloadbereich**

 **Schreibordner**
Für eine ausführlichere Bearbeitung wird den Schülerinnen und Schülern ein Schreibordner oder -heft empfohlen. Die jeweiligen Aufgaben sind mit diesem Symbol markiert.

Werkrealschule
Die Lösungen zu den Arbeitsblättern für den Werkrealschulabschluss finden Sie im Downloadbereich.

Nach vorn, nach Süden – Der Roman

Zur besseren Übersicht haben wir die acht Kapitel des Romans in den Heften nummeriert. Die Überschriften in dieser Kapitelübersicht sind jeweils die fettgedruckten Anfänge der Kapitel. Die Schülerinnen und Schüler sollen den Kapiteln eigene Überschriften geben, um den Inhalt präzise zu erfassen.

Die Seiten- und Zeilenangaben beziehen sich auf folgende Ausgabe:
Sarah Jäger
Taschenbuch
Nach vorn, nach Süden
Rowohlt, 224 Seiten
ISBN 978-3-499-00586-2
Bestell-Nr. tbNachvorn

Kapitelübersicht

Kapitel	Handlung	Handlungsort	Dauer[1]
1. Der Hinterhof (S. 7–24)	Marie feiert ihren Realschulabschluss im Penny-Hinterhof. Die Clique beschließt, nach dem seit Monaten verschwundenen Jo zu suchen. Entenarsch bietet sich als Fahrerin an.	auf dem Hinterhof	ein Abend
2. Die Ampel (S. 25–43)	Entenarsch, Can und Marie fahren Richtung Münster zu Jos Mutter. Zunächst sieht es nicht gut aus, als sie an einer Autobahnauffahrt stranden. Can kritisiert Entenarschs Fahrstil, Marie verteidigt sie. Schließlich klinkt sich Marie aus und Entenarsch unterhält sich angeregt mit Can.	auf dem Weg nach Münster, Oer-Erkenschwick	ein paar Stunden
3. Als wir (S. 44–75)	In Münster angekommen suchen die drei erst mal einen Penny auf, um sich bei Aushilfskraft Matthes eine Unterkunft zu besorgen. Mit ihm gehen sie an einen See und treffen dessen Freunde. Am nächsten Tag besuchen sie Jos Mutter, die ihnen den Namen seines Freundes Urs Behrenberg gibt, der in Fulda wohnt.	Münster	zwei Tage
4. Fulda tötet (S. 76–119)	Can, Entenarsch und Marie fahren zu Urs nach Fulda. Jo war im Frühling bei Urs, hat ihm aber eine Postkarte von einem Festival geschickt, auf dem Otto spielt. Sie fahren zurück zum Hinterhof. Entenarsch will nicht mehr mitmachen und ignoriert die Nachrichten der anderen. Sie denkt über einen Studienabbruch nach. Eine Begegnung mit Achmad bringt sie zum Umdenken: Sie fährt doch mit zum Festival. Jos Mutter schreibt ihr, dass Jos Freund „Fünfzehn Cent" in Ulm wohnt.	Fulda	vier Tage

1 In der Übersicht auf S. 38 f. des Schülerarbeitsheftes ist immer die Dauer der Reise, nicht die des Kapitels angegeben.

Kapitel	**Handlung**	**Handlungsort**	**Dauer**[1]
5. Am Mittwochmorgen (S. 123–189)	Entenarsch, Can, Marie, Vika und deren Tochter Fine fahren zu dem Festival, auf dem Ottos Band „Die Blümchenschlüpper“ spielt. Entenarsch erzählt den anderen, dass sie ihr Lehramtsstudium abbrechen will. Pavel und Marvin reisen mit Otto an. Auf dem Weg bleibt der Corsa liegen, sie laufen den Rest. Entenarsch beichtet Marie, dass sie ihr aus Rache von Jos Fremdgehen erzählt und so ihre Beziehung zerstört hat. Marie übergibt sich.	Hinterhof, auf dem Weg zum Festival, auf dem Festival	Mittwochmorgen bis Donnerstagmorgen
6. In der (S. 190–212)	Entenarsch will Jo für Marie finden. Mit dem Wohnmobil der Blümchenschlüpper fahren alle nach Ulm. Dort finden sie Jos Freund Fünfzehn Cent, der ihnen verrät, dass Jo bis vor zwei Wochen bei ihm war und ans Meer wollte. Alle denken, er sei am Mittelmeer, nur Entenarsch ist überzeugt davon, dass er an der Nordsee ist. Sie macht sich auf eigene Faust auf den Weg.	auf dem Festival, Ulm	Donnerstagmorgen bis Samstagmorgen
7. Einmal Pistazie (S. 215–220)	An einer Eisdiele an der Nordsee trifft Entenarsch endlich auf Jo. Sie beichtet ihm, was sie getan hat, und erzählt von der Suche nach ihm, an der sich alle beteiligt haben. Er kommt nicht mit zurück (noch nicht), gibt ihr aber seine Handynummer, bevor sie abfährt.	an der Nordsee	ein Tag an der Nordsee mit Jo, aber insgesamt ca. 5 Tage mit Fahrt
8. Als ich (S. 221)	Can schreibt in die Chat-Gruppe, dass er Lena (Entenarsch) vermisst. Lena kommt zurück von der Nordsee. Die Geschichte endet, als sie die Plattform auf dem Hinterhof betritt.	vor/auf dem Hinterhof	ein paar Minuten
Handlungszeitraum: ca. zwei Wochen im Juli			

Themen und Figuren

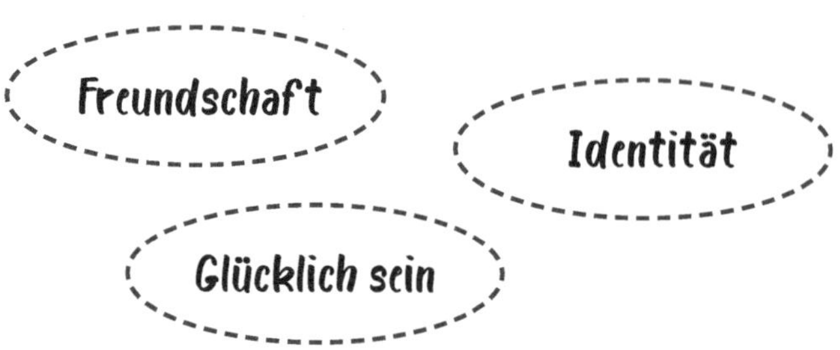

Zentrale Themen in *Nach vorn, nach Süden* sind die Bedeutung von Freundschaft (SH S. 56) sowie die Suche nach Glück (SH S. 55) und der eigenen Identität (SH S. 58). Die Figuren wachsen im Verlauf der Handlung näher zusammen, was ihnen eine wichtige Stabilität in ihren ansonsten von Ungewissheit geprägten Leben verleiht. Keiner der Jugendlichen weiß so recht, was er mit seiner Zukunft anfangen soll und wohin der berufliche Weg ihn führen wird. Gemeinsam haben sie alle: Sie sind Aushilfen im Penny-Markt, dessen Hinterhof ihr Versammlungs- und Zufluchtsort ist. Insbesondere die Hauptfigur Lena hadert mit ihrer Identität und ihrem Spitznamen Entenarsch. Mit Namen ist es auf dem Hinterhof des Penny-Marktes so eine Sache: Man kann sie sich nicht aussuchen, sondern bekommt von den anderen einen verliehen. Ob man will oder nicht.

Die Ich-Erzählerin **Entenarsch** (19) heißt eigentlich Lena, so nennt sie aber niemand. Seit einer verhängnisvollen Begegnung mit Jo bei den Gemüsekonserven, bei der dieser ihr den Spitznamen verpasst hat, ist sie für alle nur noch Entenarsch (vgl. Buch S. 56). Dafür hasst sie ihn. Lena hängt auf dem Hinterhof ab, obwohl sie eigentlich mit niemandem besonders befreundet ist, um nicht allein zu sein. Ihr Lehramtsstudium empfindet sie als Fehler und denkt über einen Studienabbruch nach. Im Gegensatz zu dem ihrer Eltern verläuft ihr Leben nicht perfekt durchgeplant, diese arbeiten beide bei einer Rentenversicherung und sind auch im Privatleben stets vorsichtig und organisiert. Als Einzige aus der Clique hat sie einen Führerschein und ein Auto, einen alten Opel Corsa, weigert sich jedoch standhaft, auf der Autobahn zu fahren. Erst zum Ende hin überwindet sie diese Angst und fährt mit dem Wohnmobil der „Blümchenschlüpper“ an die Nordsee, wo sie den verschwundenen Jo vermutet. Im Verlauf des Romans entwickelt sich eine Beziehung zwischen ihr und Can, in den sie heimlich verliebt war. Ihre freundschaftlichen Bande zu den anderen Mitgliedern der Hinterhof-Clique festigen sich durch das gemeinsame Abenteuer – endlich gehört sie dazu und ist nicht mehr länger Entenarsch, sondern Lena.

Can (ca. 18/19) ist laut und nie um einen Spruch verlegen. Besonders nah steht er Marie und zunehmend auch Marvin, um den er sich brüderlich kümmert, weil er ihn an sich selbst erinnert, als er noch jünger war. Sein eigener älterer Bruder ist vor über 10 Jahren gestorben, seitdem ist er der große Bruder seiner drei Geschwister. Diesen Verlust haben seine Eltern nicht verkraftet und ihren Porzellanladen verloren; deswegen hat die Familie wenig Geld. Can schneidet sich daher die Haare selbst.

Die wunderschöne **Marie** (16) hat gerade ihren Realschulabschluss geschafft. Ihre Mutter ist Reinigungskraft, weswegen sie diesem Beruf Respekt entgegenbringt. Wenn sie gestresst oder wütend ist, lackiert sie alle Finger- und Fußnägel, derer sie habhaft werden kann. Ihre Beziehung mit Jo hat sie beendet, nachdem sie von Entenarsch erfahren hat, dass er sie betrogen hat. Sie ist es, die vorschlägt, nach Jo zu suchen, weil sie ihn sehr vermisst.

Jo (16) ist seit sechs Monaten verschwunden. Seine Mutter hat die Familie verlassen, als er 12 Jahre alt war. Dieses Erlebnis hat ihn geprägt, zumal sein arbeitsloser (und vermutlich depressiver) Vater sich nicht um ihn kümmern konnte. Er verletzte sich selbst mit einem Feuerzeug. Neben seinen Freunden gab ihm die Beziehung mit Marie Halt. Als diese zerbrach, war er am Boden zerstört. Am Ende des Romans findet Entenarsch Jo an der Nordsee. Er hat sich auf den ersten Blick kaum verändert, doch er verletzt sich nicht mehr und hatte Zeit zum Nachdenken. Noch ist er nicht bereit, in sein Alltagsleben zurückzukehren. Marie hat er offensichtlich vermisst.

Vika (18) hat eine innige Freundschaft mit Marie, die sie immer unterstützt. Beruflich strauchelt sie und weiß nicht, was sie mit ihrem Leben anfangen soll. Zahlreiche Praktika hat sie schon hinter sich. Mit Otto hatte sie jahrelang eine Beziehung, aus der ihre 1,5-jährige Tochter Fine hervorging. Nachdem sie Otto immer wieder betrogen hatte, beendete er die Beziehung mit Vika. Zu Beginn des Romans ist sie eifersüchtig auf Ottos neue Freundin Yasmin. Ihre Tochter ist meistens bei Vikas Mutter, da sie selbst mit der Erziehung überfordert ist. Ihr Markenzeichen sind T-Shirts mit Sprüchen.

Vikas Exfreund **Otto** (ca. 18) ist Bassist in der Punkrockband „Die Blümchenschlüpper", deren andere Mitglieder alle etwa doppelt so alt sind wie er, ihn als Musiker aber sehr schätzen. Er trägt immer rote Chucks, Nadelstreifenhosen und weiße Hemden.

„Unser" **Pavel** (18) ist Ottos bester Freund. Neben seiner Tätigkeit bei Penny macht er das Fachabitur und seine Mutter träumt davon, dass er eines Tages Geschäftsführer wird. Alle lieben Pavel, weswegen er mit einem „unser" geadelt wurde, und keiner macht sich über sein Aussehen (dünn, fettige Haare, Pickel) lustig. Der handwerklich geschickte Pavel ist stets bestrebt, den Hinterhof noch zu verbessern, und möchte einen Aussichtsturm bauen. Er liebt Orangenlimonade und hat die Marotte, Sätze mittendrin zu beenden und Sprichwörter zu verdrehen.

Der arbeitsscheue **Leroy** (17) ist zusammen mit seinem jüngeren Bruder Marvin neu im Penny. Er trägt stets eine versteinerte Miene zur Schau, redet wenig und interessiert sich nicht für Regeln: Er klaut sogar im „eigenen" Markt. Vom Marktleiter, dem „neuen Wendthoff", der eigentlich Müller heißt, wird er wegen seiner Faulheit ermahnt. Wie sich zu Beginn von Kapitel 5 herausstellt, hat er eine Beziehung mit Pavel. Jo kennt er nicht persönlich und auf die Suche nach ihm kann er nicht mitfahren, weil er arbeiten muss.

Marvin (13), genannt Checker, ist Leroys Bruder. Wie dieser macht er gern lange Finger und scheint sich auch ansonsten in einem kriminellen Umfeld aufzuhalten. Der ältere Halbbruder der beiden sitzt im Gefängnis. Im Gegensatz zu Leroy hat er eine große Klappe. Can nimmt ihn unter seine Fittiche und im Verlauf des Romans zeigt er durchaus mitfühlende Seiten (z. B. als er den Seitenspiegel des Corsas als Andenken abtritt). Jo kennt er nicht persönlich, beteiligt sich jedoch an der Suche nach diesem.

Erzählperspektive und Aufbau

Nach vorn, nach Süden wird von Entenarsch/Lena als personale Ich-Erzählerin im Präsens erzählt. Als besonderen Kunstgriff lässt die Autorin Entenarsch manchmal Wichtiges verschweigen (z. B. die Nacht mit Can), das die Leserschaft sich nur durch Andeutungen zusammenreimen kann, wenn aufmerksam gelesen wird. Die Handlung verläuft weitestgehend chronologisch, dieses Muster wird jedoch durch die Rückblenden wie auf den Seiten 165 f. und 188 f. durchbrochen.

Sprache und Stil

Der Roman ist so geschrieben, als würde Entenarsch in jugendnaher Sprache live berichten, was sich während des Roadtrips ereignet. Dabei fließen auch ihre Kenntnisse der deutschen Sprache mit ein, denn sie studiert Lehramt. Das wird unter anderem an der Verwendung vieler sprachlicher Mittel deutlich, aber auch an der Erwähnung von Fachbegriffen wie dem westfälischen Dehnungs-E (vgl. S. 38). Sprachlich interessant sind auch die Figuren Can und Pavel. Can nutzt viel Humor, was sich beispielsweise in seinen Überlegungen zum „Gasthaus zum ehemaligen Bahnhof" (SH S. 54) zeigt. Pavels Sätze (wie z. B. der letzte Satz des Romans) bleiben oft unvollständig, was ihnen mehr Tiefgründigkeit verleiht. Daneben verdreht er Sprichwörter, wodurch diese teilweise einen anderen Sinn bekommen (SH S. 54).

Coming-of-age: Ein Roadtrip zur Selbstfindung

Sarah Jägers Debüt *Nach vorn, nach Süden* lässt sich in die Gattung Coming-of-age-Roman einordnen. Romane dieser Literaturgattung entstanden erstmals im 18. Jahrhundert und thematisieren die Entwicklung einer jungen Hauptfigur Richtung Erwachsensein. Oft sind die Themen Identitätsfindung, Freundschaft und die Suche nach einem Platz in der Welt.

Der Name Coming-of-age hat die früheren Bezeichnungen Adoleszenzroman oder Bildungsroman verdrängt.

In *Nach vorn, nach Süden* ist die Selbstfindung der Hauptfigur Lena in einen Roadtrip eingebunden. Roadtrips sind meist ungeplante Reisen mit dem Auto und stehen für Freiheit, Spontanität und Erleben. Lena ist zunächst mit ihrem Corsa, später mit dem Wohnmobil der Band „Die Blümchenschlüpper" unterwegs ins Ungewisse. Ungewiss sind dabei ihre Ziele, die Beziehungen zu den anderen Mitgliedern der Hinterhof-Clique, ihre Suche nach sich selbst und nicht zuletzt der Ausgang der Suche nach Jo.

Didaktisch-methodische Hinweise

Im Folgenden soll auf einige didaktische und methodische Aspekte eingegangen werden:

- Informationen zum Hörbuch
- Anregungen zum gemeinsamen Lesen
- Erarbeitung der Lektüre – das Schülerarbeitsheft im Überblick
- Orientierung bei der Aufgabenstellung
- Schüler-Onlinebereich und digitale Inhalte
- Arbeitsformen
- Informationen zu den Schreibanlässen

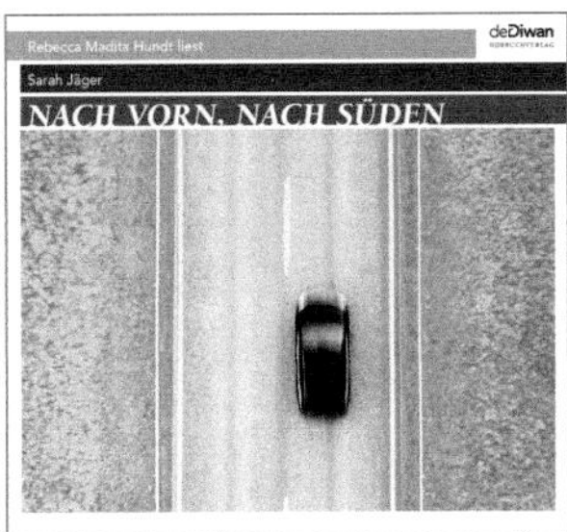

Hörbuch
Rebecca Madita Hundt liest
Sarah Jäger – Nach vorn, nach Süden
ungekürzte Lesung der Buchausgabe Rowohlt Verlag, Hamburg,
Musik: Benny Eisel und Rebecca Madita Hundt (Text Sarah Jäger),
eine mp3-CD in Kartonverpackung,
ca. 350 Minuten, ab 14 Jahren,
derDiwan Hörbuchverlag
ISBN/EAN 978-3-949840-13-5
Bestell-Nr. HörNachvorn

Informationen zum Hörbuch

Das Hörbuch eignet sich zum Einsatz im Unterricht, da der Roman zu lang ist, um ihn komplett mit der Klasse zu lesen. Außerdem können einige Textpassagen beim Hören besser nachvollzogen und verstanden werden als beim selbstständigen oder gemeinsamen Lesen. Auch dramatische Passagen können mithilfe des Hörbuchs intensiver erfasst und aufgenommen werden:

- Es eignet sich, um Passagen, in denen Rückblenden vorkommen, besser zu verstehen, denn die Sprecherin schafft es gekonnt, die Rückblenden von der laufenden Handlung abzuheben.
- Es können Passagen entspannt und genießend aufgenommen werden, z. B. die Autobahn-Fahrt Entenarschs an die Nordsee.
- Dramatische Passagen, die beim Lesen vielleicht nicht so wahrgenommen werden, etwa Entenarschs Geständnis gegenüber Marie oder das Gespräch mit Jo an der Nordsee, werden intensiver erfasst.
- Auch die Wahrnehmungen der Hauptfigur, die metaphorischen Stellen und Jos Elfchen lassen sich hörend leichter aufnehmen.
- In einigen Sequenzen entsteht durch Stimmmodulation ein Hörspielcharakter, so z. B. beim Gespräch zwischen Entenarsch und Jos Mutter.

Das Hörbuch eignet sich auch gut als **Einstieg in die Lektüre**. Das erste Kapitel könnte

- komplett angehört werden: So lernen die Schülerinnen und Schüler alle Jugendlichen der Hinterhof-Clique kennen und bekommen den Plan, nach Jo zu suchen, hörend mit.
- bis Seite 9, Zeile 14 angehört werden. Anschließend könnten Vermutungen darüber angestellt werden, wo Jo ist, bzw. was mit ihm passiert sein könnte.

Beide Möglichkeiten erhöhen die Spannung auf ein Weiterlesen des Romans.

Anregungen zum gemeinsamen Lesen

Das gemeinsame Lesen, entweder im Klassenverband oder in Gruppen, darf nicht unterschätzt werden. Hier können Kompetenzen wie die richtige Intonation, die Modellierung des Tonfalls und der Stimme und das flüssige Vorlesen erworben und trainiert werden. Das Vorlesen sollte dabei allerdings immer eine freiwillige Aktivität sein. Neben dem aktiven Vorlesen wird auch das passive Mitlesen oder Zuhören geübt. Bestimmt haben Sie Ideen, wie Sie für Ihre Schülerinnen und Schüler eine angenehme Lese-Atmosphäre schaffen können.

Besonders geeignet als Vorlesesequenzen:

- das erste Kapitel (S. 7–24), in dem die Hinterhof-Clique vorgestellt wird
- Entenarschs „Beichte" an Marie (S. 185–188)
- Rückblenden, um sie von der Handlung abzuheben
- das Nordsee-Kapitel (S. 215–220), evtl. auch mit verteilten Rollen (Erzähler/-in, Entenarsch, Jo)

Erarbeitung der Lektüre – das Schülerarbeitsheft im Überblick

Das Schülerarbeitsheft bietet ein vielseitiges Angebot an Aufgaben und Methoden, die den Schülerinnen und Schülern einen Zugang zur Handlung des Romans, zu dessen Figuren und Themen ermöglichen. Es ist möglich, die Materialien im Schülerarbeitsheft der Reihenfolge nach zu bearbeiten. Sie können als Lehrkraft aber natürlich auch eine Auswahl der Seiten im Schülerarbeitsheft treffen und punktuell Schwerpunkte setzen. Das Schülerarbeitsheft eignet sich sowohl für eine selbstständige Bearbeitung durch die Jugendlichen als auch für die gemeinsame Arbeit in der Klasse in verschiedenen Sozialformen. Am Ende der Unterrichtseinheit haben die Schülerinnen und Schüler

- einen Überblick über die Romanhandlung, die wichtigsten Themen, Motive und Fragestellungen.
- ein Verständnis der einzelnen Figuren, auch in ihren Beziehungen zueinander.
- eine gute Vorbereitung für den Prüfungsteil A2 der Abschlussprüfung.

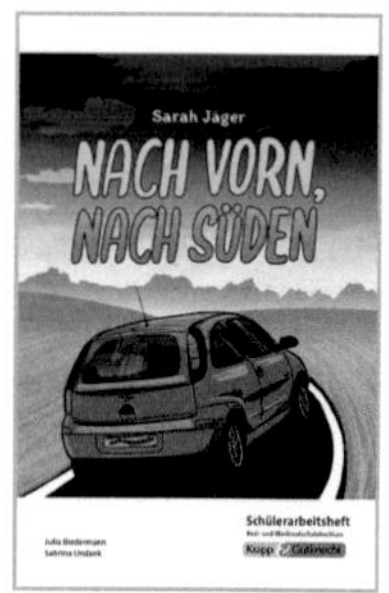

Julia Biedermann
Sabrina Undank
Schülerarbeitsheft mit Onlinebereich
ISBN 978-3-96323-098-1
Bestell-Nr. S3098

Seiten	Ziel	Inhalte
S. 4	Einstieg	Vor dem Lesen
S. 5–39	Inhaltssicherung	Kapitel 1 bis 8 Kennenlernen der Figuren; Verinnerlichen und Verstehen der Handlung und Handlungsmotive
S. 40 f.	eine Meinung zum Roman bilden	positive und negative Aspekte des Romans; Rezension schreiben
S. 42–50	vertiefende Erschließung der Figuren	Figurenseiten; Lenas Entwicklung; Lenas Beziehung zu Can; Verhältnisse der Figuren zueinander
S. 51–54	den Roman untersuchen	Erzählperspektive und Aufbau; Sprache und Stil
S. 55–60	vertiefende Erschließung der Themen	Glücklich sein; Freundschaft; Identität
S. 61	sich über die Autorin informieren	Die Autorin Sarah Jäger
S. 62–65	gezielte Vorbereitung auf den Prüfungsteil A2	Aufgaben zum Textverständnis; produktive Schreibaufgabe im Stil der Prüfung

Orientierung bei der Aufgabenstellung

Bei der Auswahl und Formulierung der Aufgabenstellungen sowie dem Anforderungsniveau orientiert sich sowohl das Schülerarbeits- als auch das Lehrerheft am Bildungsplan 2016 Deutsch Sek. I, Baden-Württemberg. Den weiteren Rahmen für die vorliegenden Materialien geben die Anforderungen der aktuellen Abschlussprüfung für Realschulen Deutsch, Baden-Württemberg vor.

Schüler-Onlinebereich und digitale Inhalte

Neben den vielseitigen Materialien im Schülerarbeitsheft stehen ein Onlinebereich sowie weitere digitale Inhalte zur Verfügung. Den Zugang finden die Schülerinnen und Schüler im Schülerarbeitsheft auf dem Umschlag hinten. Auf ihren Smartphones oder Tablets können die Lernenden zusätzlich digitale Tests zum Romaninhalt und ein Figurenquiz spielerisch bearbeiten.

Arbeitsformen

Das Schülerarbeitsheft bietet eine Vielzahl an methodischen Arbeitsformen und verschiedene Sozialformen bei der Erarbeitung an. Natürlich sind Sie an diese Vorschläge nicht gebunden. Passen Sie Methodik und Sozialformen individuell an Ihre Schülerinnen und Schüler an! Das Schülerarbeitsheft ermöglicht sowohl eine weitestgehend selbstständige Erarbeitung des Inhalts der Lektüre durch die Jugendlichen als auch einen vielseitigen Einsatz im Unterricht.

Informationen zu den Schreibanlässen

Die Schreibanlässe sowohl im Schülerarbeits- als auch im Lehrerheft entsprechen dem Anforderungsniveau der Realschulabschlussprüfung Deutsch, Baden-Württemberg. In der Abschlussprüfung Deutsch von 2022 war im Prüfungsteil/Pflichtteil A2 eine produktive Schreibaufgabe im Umfang von mindestens 250 Wörtern gefordert. Die Schülerinnen und Schüler sollen bei dieser Aufgabe zeigen, dass sie sich in der Lektüre auskennen und mit den Figuren im Roman vertraut sind. Aufgabe ist es, aus der Sicht einer oder mehrerer Figuren einen kreativen Schreibanlass (innerer Monolog, Tagebucheintrag, persönlicher Brief, Gespräch, Rede) zu gestalten. Dies verlangt von den Lernenden ein übergreifendes Textverständnis.

Übersicht zu den Schreibaufgaben des Schülerarbeitsheftes

Schreibaufgabe (Aufgabenformat)	**Schülerarbeitsheft**	**Lösung im LH**
Drehbuchszene im Auto	S. 10, Schreibaufgabe 1	S. 16
1. Brief von Jos Mutter an Jo 2. Gespräch zwischen Jo und seiner Mutter	S. 14, Schreibaufgabe 2	S. 19 f.
Innerer Monolog von Marie	S. 26, Schreibaufgabe 3	S. 26
1. Cans Rede auf dem Hinterhof 2. Lenas Rede auf dem Hinterhof	S. 37, Schreibaufgabe 4	zu 2., S. 32
Rezension	S. 41, Schreibaufgabe 5	S. 33
1. Brief von Lena an ihr altes Ich 2. Tagebucheintrag von Lena	S. 48, Schreibaufgabe 6	zu 2., S. 40
Innerer Monolog von Entenarsch	S. 64, produktive Schreibaufgabe	S. 49

Auf den folgenden Seiten dieses Lehrerhefts befinden sich ergänzende Schreibaufgaben zum Verfassen eines Reisetagebuchs. Diese können Sie auch aus dem Downloadbereich herunterladen.

SCHREIBAUFGABE – Ein Reisetagebuch verfassen

Arbeitet zu sechst zusammen.
Jedes Gruppenmitglied verfasst mithilfe der Tabelle einen Reisetagebucheintrag zu *Nach vorn, nach Süden*. Hierfür nehmt ihr am besten separate Blätter. Jeder Eintrag umfasst mindestens 250 Wörter. Zu Kapitel 1 und 8 gibt es keine Einträge, ihr könnt stattdessen die Standbilder von eurem Schülerarbeitsheft auf Seite 50 einkleben/abheften.

Kapitel 2	Versetze dich in Marie hinein und schreibe ihren Reisetagebucheintrag zum zweiten Kapitel.
Kapitel 3	Versetze dich in Can hinein und schreibe seinen Reisetagebucheintrag zum dritten Kapitel.
Kapitel 4	Versetze dich in Can hinein und schreibe seinen Reisetagebucheintrag zum vierten Kapitel.
Kapitel 5	Versetze dich in Marie hinein und schreibe ihren Reisetagebucheintrag zum fünften Kapitel.
Kapitel 6	Wähle eine der Figuren aus Kapitel 6 aus. Versetze dich in sie hinein und schreibe ihren Reisetagebucheintrag zum sechsten Kapitel.
Kapitel 7	In Kapitel 7 ist keiner der anderen mit dabei. Fülle stattdessen die Leerstelle im Reisetagebuch, indem du Entenarsch von ihrem Weg an die Nordsee erzählen lässt. Bedenke, dass sie sich seit dem ersten Roadtrip verändert hat.

Reisetagebuch

Reisetagebücher schildern besonders eindringlich die Ereignisse einer Reise. Sie werden aus der Ich-Perspektive erzählt. Gefühle und Gedanken stehen im Vordergrund. Besonders wichtig sind die Nennung und Beschreibung von Orten, Wegen und Tageszeiten. Beschreibe die Situationen detailliert. Denke daran, dass du dich als Verfasser eines Reisetagebuchs später möglichst genau an die Reise erinnern willst.

Form	Sprache	Inhalt
Ich-Form Datum ohne Anrede Name der schreibenden Figur unter den Eintrag	schildernde Elemente Fragen Ellipsen (unvollständige Sätze) Gedankensprünge Wiederholungen Einwortsätze Interjektionen verschiedene Satzzeichen (..., ?, !)	persönliche Gefühle, Gedanken und Empfindungen Erlebnisse aufschreiben, verarbeiten, archivieren, hinterfragen an keine Person gerichtet

Beim Schreiben musst du die Aufgabenstellung, die Textstelle und den Inhalt des Romans sowie den Charakter und die aktuelle Verfassung der Figur berücksichtigen. Alle wesentlichen Ereignisse und die Gedanken/Gefühle deiner Figur müssen deutlich werden.

Lösungen zu den Aufgaben des Schülerarbeitsheftes

Hinweis: Da viele Aufgaben individuelle Antworten hervorbringen werden, sind die Lösungen als Vorschläge zur Orientierung zu verstehen.

SH 4

Vor dem Lesen

➲ **Aufgabe**

a) Individuelle Lösung

b) NACH VORN, NACH SÜDEN ist SARAH Jägers ERSTER Roman. Es geht um die Suche nach dem seit MONATEN verschwundenen JO. Die Handlung spielt in einem heißen JULI und die Suchaktion Richtung SÜDEN wird als PLANLOS/SOMMERTRIP beschrieben. Weitere erwähnte Figuren sind „unser" PAVEL und ENTENARSCH, die ihren ungeliebten Spitznamen dem vermissten JO verdankt.

c) Individuelle Lösung

Den Inhalt erschließen und sichern

SH 5

Kapitel 1 (S. 7–24)

➲ **Aufgabe 1**

b) Was trifft auf die Hinterhof-Clique zu?
☒ Alle arbeiten als Aushilfen bei Penny.

Wer hat einen Führerschein und ein Auto?
☒ Entenarsch

Wer ist verschwunden?
☒ Jo

➲ **Aufgabe 2**

a) Entenarsch, Can, Marie, Vika, Otto, Marvin, Leroy, Pavel, (Jo)
b) Die Lösungen stehen auf den Figurenseiten (S. 36–38).
c) Sie ist eine Außenseiterin, die gern dazugehören möchte.

➲ **Aufgabe 3**

Einen Vorschlag für die Figurenkonstellation finden Sie auf Seite 34 f. und im Downloadbereich.

➲ **Aufgabe 4**

a) Individuelle Lösung, mögliche Antwort: „Wir hocken nicht die ganze Zeit vollzählig aufeinander und umeinander. Das sind nur die besonderen Momente, die Feiertage und Feierabende. Alle sind da, wenn einer von uns was zu feiern hat. Alle sind da, aus Sympathie, Freundschaft oder weil es was umsonst gibt." (S. 9, Z. 7–11)

b) Vielleicht bedeutet ihnen der Hinterhof so viel, weil sie sonst keinen Ort haben, an den sie gehen können, weil sie sich zu Hause nicht wohlfühlen. Außerdem könnte ihnen der Hinterhof viel bedeuten, weil sie dort ihre Freunde treffen können.

c) Individuelle Lösung

➲ **Aufgabe 5**

a) Der Vorschlag kommt von Marie, die ihn offensichtlich sehr vermisst. Die anderen stimmen zu, als hätten sie nur darauf gewartet.

b) Entenarsch vermisst Jo nicht, denn dieser hat ihr den ungeliebten Spitznamen verpasst. Sie findet, er solle einfach zurückkommen, wenn er wieder ein Teil der Hinterhof-Clique sein möchte.

c) Sie denkt erst, jemand anderes hätte es gesagt und ist verwundert, dass sie es selbst war. Vielleicht hat sie es gesagt, weil sie Teil der Suche und damit der Gruppe sein möchte, an deren Rand sie bisher steht.

Kapitel 1

Eigene Kapitelüberschrift: Die Hinterhof-Clique

Figuren: Entenarsch, Can, Marie, Vika, Otto, Marvin, Leroy, Pavel, der neue Wendthoff, Yasmin

Ort(e): Hinterhof des Penny-Markts

Handlung: Marie feiert ihren Realschulabschluss im Penny-Hinterhof. Die Clique beschließt, nach dem verschwundenen Jo zu suchen. Entenarsch bietet sich als Fahrerin an.

Kapitel 2 (S. 25–43)

SH 8

➲ **Aufgabe 1**

b) Wer fährt auf der Suche nach Jo nach Münster?

☒ Can, Marie und Entenarsch

Was passiert, als sie an eine Autobahnauffahrt kommen?

☒ Cans Kumpel Achmad wendet das Auto.

Wer spricht im Auto am meisten miteinander?

☒ überraschenderweise Entenarsch und Can

➲ **Aufgabe 2**

a) Nein, sie würgt das Auto anfangs an jeder Ampel ab und traut sich nicht, auf die Autobahn zu fahren. Auf der Landstraße fährt sie mit 80 km/h. Je länger sie fährt, desto besser wird sie.

b) Sie ist unsicher.

c) „[...] der Corsa fährt plötzlich nach rechts, ich blicke schnell wieder nach vorn, der Linienbus hinter mir hupt, ich lenke gegen, zurück auf die Fahrbahn, gerade noch mal gutgegangen.“ (S. 39, Z. 29 – S. 40, Z. 3)

d) Sie empfindet etwas für ihn, ist vielleicht sogar verliebt.

➲ **Aufgabe 3**

b)

Der Erzähler ist ...	Es wird aus der ...-Perspektive erzählt.	Die Geschichte wird von ... erzählt.
☒ personal	☒ Ich	☒ Entenarsch

Somit handelt es sich bei *Nach vorn, nach Süden* um einen *personalen Ich-Erzähler.*

SCHREIBAUFGABE 1

a) **Hinweis:** Hier ist von den Schülerinnen und Schülern eine Drehbuchszene verlangt. Ein Drehbuch sollte so aufgebaut und formuliert sein, dass die Darstellenden, die anschließend die Szene spielen sollen, wissen, was sie in einer bestimmten Situation tun bzw. sagen sollen. Der Erzähler beschreibt, was passiert und wie die Handlung verläuft.

Die Schülerinnen und Schüler sollten bei dieser Aufgabe formal wie beim Verfassen eines Dialogs/Gesprächs vorgehen (siehe Schülerarbeitsheft S. 15).

Auf den Seiten 37 bis 43 machen sich die Mitglieder der Hinterhof-Clique auf die Reise. Laut Aufgabe darf die Szene auch gekürzt werden. Zu beachten ist:

- In den Regieanweisungen wird beschrieben, was die Figuren tun und was um sie herum passiert.
- Was die Figuren zueinander sagen, wird in wörtlicher Rede niedergeschrieben.

Möglicher Beginn der Drehbuchszene:

CORSA – INNEN – TAG

Entenarsch, Marie und Can sitzen in Entenarschs Corsa.

ENTENARSCH
Ich bekomme das hin, nur keine Autobahn.

Marie dreht sich zu Can um.

MARIE
Can?

CAN
Marie, mir ist das gerade vollkommen wumpe, ich brauch Fahrtwind.

Marie nickt und nimmt die Hand von Entenarschs Unterarm. Entenarsch fährt aufgeregt weiter.

CAN
Na ja, wenn es so anfängt, dann kann es doch nur besser werden, oder nicht?

...

Kapitel 2

Eigene Kapitelüberschrift: Der Elektriker von Erkenschwick

Figuren: Entenarsch, Can, Marie, Vika, Pavel, Otto, Marvin, Achmad

Ort(e): Hinterhof, Autobahnauffahrt, Oer-Erkenschwick

Handlung: Entenarsch, Can und Marie fahren Richtung Münster zu Jos Mutter. Zunächst sieht es nicht gut aus, als sie an einer Autobahnauffahrt stranden. Can kritisiert Entenarschs Fahrstil, Marie verteidigt sie. Schließlich klinkt sich Marie aus und Entenarsch unterhält sich angeregt mit Can.

Kapitel 3 (S. 44–75)

SH 11

➲ Aufgabe 1

b) Wer hat den Spitznamen Entenarsch erfunden?

☒ Jo

c) Jo nennt sie Entenarsch. *Rückblende*

Marie zeigt Entenarsch Jos Elfchen. *Gegenwart*

Jo ist heimlich in Marie verliebt. *Rückblende*

Entenarsch ist eifersüchtig auf Puppengesicht. *Gegenwart*

Entenarsch deutet an, dass Can in Marie verliebt ist. *Rückblende*

➲ Aufgabe 2

a) „Es geht mir um das hier, es geht mir um Can und seine Nähe, es geht mir um Can und mich. Und wenn das Puppengesicht noch einmal auftaucht, dann bringe ich sie um." (S. 58, Z. 18–21)

b) Individuelle Lösung, Beispiele:

Can
Deine Nähe
Bist mir wichtig
Hier bin ich dir
Nahe.

Verboten
Deine Grübchen
Deine dunklen Wimpern
Was denkst du über
Mich?

➲ Aufgabe 3

a) z. B. Proviant, Wasser, Wechselkleidung (Can) ... individuelle Ideen und Begründungen

b) Individuelle Lösung

➲ Aufgabe 4

b) Bei wem übernachten die drei in Münster?

☒ Matthes

Wie heißt Jos Freund, von dem seine Mutter erzählt?

☒ Urs Behrenberg

Was zeigt Jos Mutter Entenarsch?

☒ Fotoalbum und Postkarten mit Elfchen

➲ Aufgabe 5

a) Dass sie Jo im Stich gelassen, indem sie ihn bei seinem überforderten Vater zurückgelassen habe.

b) Sie sagt den beiden, dass sie es mit ihrem Ex-Mann nicht mehr ausgehalten habe und deswegen gegangen sei.

c) Die Familie war früher öfter im Urlaub an der Nordsee. Als Jos Vater seinen neuen Job verlor, ging es bergab. Er ließ sich gehen und Jos Mutter hielt die Familie zwei Jahre lang finanziell über Wasser. Die Situation machte sie sehr unglücklich, sie wünschte sich mehr vom Leben. Als sie Henry kennenlernte, war das ihre Chance auf ein neues Leben – ohne ihren Mann und ihren Sohn.

➲ Aufgabe 6

a) Im Kern sagen sie alle das Gleiche aus: Jo ist wütend auf seine Mutter, weil sie ihn mit seinem Vater alleingelassen hat; er wünscht sich, nichts mehr fühlen zu müssen.

b) Ihre unglücklichen Jahre mit Jos Vater haben sie geprägt und vielleicht auch der Gedanke an ihren Sohn, den sie zurückgelassen hat.

➲ Aufgabe 7

Weitere Informationen zu selbstverletzendem Verhalten vor allem bei Kindern und Jugendlichen finden Sie z. B. unter

- www.ajs-bw.de (Arbeitshilfen zum Jugendschutz): Hier steht auch eine Broschüre zum Download zur Verfügung.
- www.lpk-bw.de (Landespsychotherapeutenkammer Baden-Württemberg): Hier gibt es weitere Informationen.
- www.projekt-4s.de (Projekt 4S – Schulen stark machen gegen Suizidalität und selbstverletzendes Verhalten): Hier stehen Informationen, Videos, Bücher, Artikel und ein E-Learning zur Verfügung.

b) Jo ist gezwungen, bei seinem Vater zu leben, der sich nicht richtig um ihn kümmert. Seine Mutter hat die Familie verlassen, was für ihn schmerzhaft war. Vielleicht möchte er so die Kontrolle über etwas haben, da er diese in seinem Leben nicht hat.

SCHREIBAUFGABE 2

1. Brief von Jos Mutter an Jo

Mein lieber Jo,

ich schreibe dir diesen Brief, um dir zu erklären, warum ich deinen Vater verlassen muss. Ich kann einfach nicht anders! Ich halte die Situation, wie sie im Moment ist, einfach nicht mehr aus!

An der Nordsee, weißt du noch? Da waren wir noch glücklich, da waren wir noch eine Familie, da war noch alles in Ordnung zwischen deinem Vater und mir. Da hatte er noch eine Arbeit. Da war er noch ein Mann! Und als Papa in seinem neuen Beruf in der Probezeit entlassen wurde, fing der ganze Schlamassel an. Unsere neue kleinere Wohnung, das Sofa, ich kann es nicht mehr sehen! Dein Vater nur noch auf dem Sofa. In seinem blauen Trainingsanzug, ohne Kraft, ohne Energie! Auf dem Sofa, den ganzen Tag, die ganze Nacht! Und ein Drecksjob nach dem anderen, den ich annehmen muss, nur damit wir uns einigermaßen über Wasser halten können. Damit wir etwas zu essen im Kühlschrank haben. Ich will mehr vom Leben, mein Schatz! Das kann es für mich nicht gewesen sein! Ich kann so nicht mehr weiterleben!

Ich werde mit Henry nach Münster ziehen. Er hat eine Arbeit und eine Wohnung, in der er mit mir leben möchte. Ich habe ein besseres Leben verdient. Mutter sein ist nicht einfach, von Vätern wird nicht so viel erwartet. Sei froh, mein Junge, dass du irgendwann mal ein Vater sein kannst! Ich halte es für das Beste, wenn du bei deinem Vater bleibst. Du bist schon 12. Du kommst gut klar. Das weiß ich!

Und denk immer daran: Elfchen haben Wunderkräfte: Alles, was in ihnen steht, ist die Wahrheit.

Jo / schlauer Junge / du kannst alles / das weiß ich genau / Mama

(281 Wörter)

2. Gespräch zwischen Jo und seiner Mutter

Als Jo seine Schicht im Penny-Markt hat und gerade das Joghurtregal einräumt, kommt von hinten seine Mutter auf ihn zu.

Jos Mutter: „Jo, mein Junge."

Jo dreht sich um und schaut seine Mutter an.

Jo: „Was willst du hier?"

Jos Mutter: „Jo, ich möchte mit dir reden, ich möchte dir erklären, warum ich weggegangen bin. Bitte hör mir zu, mein Junge."

Jo: „Spar dir deine beschissene Erklärung! Verschwinde! Ich habe zu tun!"

Jo dreht sich wieder zum Regal um und räumt weiter die Joghurtbecher ein. Ihm fällt ein Joghurt auf den Boden, der auf der Stelle platzt.

Jo (laut): „Scheiße, was soll das alles hier?"

Jo läuft ein paar Schritte von seiner Mutter weg, dreht sich wieder zu ihr.

Jos Mutter: „Jo, bitte. Ich habe es zu Hause mit deinem Vater nicht mehr ausgehalten. Die kleine Wohnung, das Sofa! Dein Vater in seinem blauen Trainingsanzug! Tag und Nacht auf dem Sofa! Angewidert hat es mich. Ich konnte dieses Bild nicht mehr sehen!"

▶

Jo: „Und was ist mit mir? Konntest du mich auch nicht mehr sehen? War ich dir so egal?"

Jos Mutter: „So darfst du das nicht verstehen! Bitte, Jo! Du warst doch schon 12. Du bist immer mit allem klargekommen. In Henry habe ich meine Chance gesehen, meine Chance auf ein besseres Leben! Ich wollte nicht mehr jeden Drecksjob annehmen, während dein Vater auf seinem Sofa vor sich hin vegetiert, nur, damit wir unseren Kühlschrank mit dem Nötigsten füllen konnten. Vielleicht kannst du mich eines Tages verstehen."

Jos Mutter geht einen Schritt auf Jo zu und reicht ihm eine Hand. Jo macht eine abwehrende Handbewegung.

Jo: „Lass gut sein, ich habe genug von deinen Erklärungen! Hast du eine Ahnung, was du mir angetan hast?!"

Jos Mutter: „Mein Schatz, es tut mir ... "

Jo: „Ich habe zu tun! Ich muss schauen, dass der Kühlschrank gefüllt ist."

Jo beginnt damit, den Joghurt aufzuwischen. Seine Mutter geht enttäuscht davon.

(317 Wörter)

➲ Aufgabe 8

a) Die beiden warten auf Entenarsch. Can möchte als Maries „beste Freundin" (S. 73, Z. 6) ihre Laune verbessern. So lackieren sie sich gegenseitig die Nägel.

b) Individuelle Lösung

➲ Aufgabe 9

a) Marie hat kein Verständnis für das Handeln von Jos Mutter. In ihren Augen hat diese ihren Sohn im Stich gelassen und ist deswegen schuld an seinen Problemen.
Entenarsch kann das Handeln der Mutter nachvollziehen, sie wäre auch gegangen. Außerdem findet sie, dass die Gesellschaft an Mütter weitaus höhere Ansprüche stellt als an Väter.

b) Individuelle Lösung, mögliche Antworten:
Ich stimme am ehesten Entenarsch zu. Wenn ich mir das Leben vorstelle, das die Mutter hatte, wäre ich auch gegangen. Es stimmt, dass an Mütter andere Ansprüche gestellt werden als an Väter. Aber: Jos Vater war überfordert mit ihm und es war nicht das Beste für Jo, ihn bei seinem Vater zu lassen. Sie hätte ihn mitnehmen sollen. / Ich stimme am ehesten Marie zu. Auch wenn ihr Leben ihr nicht gefallen hat, hatte die Mutter Jo gegenüber eine Verantwortung. Es war nicht richtig von ihr, nur an sich zu denken und ihren Sohn bei seinem überforderten Vater zurückzulassen.

Kapitel 3

Eigene Kapitelüberschrift: Münster

Figuren: Entenarsch, Can, Marie, Matthes, Jos Mutter

Ort(e): Münster, Penny-Markt, am See, Wohnung von Jos Mutter, Park, Wohnung von Matthes

Handlung: In Münster angekommen suchen die drei erst mal einen Penny-Markt auf, um sich bei Aushilfskraft Matthes eine Unterkunft zu besorgen. Mit ihm gehen sie an einen See und treffen dessen Freunde. Am nächsten Tag besuchen sie Jos Mutter, die ihnen den Namen seines Freundes Urs Behrenberg gibt.

Kapitel 4 (S. 76–119)

SH 17

➲ **Aufgabe 1**

b) Wo übernachten die drei in der ersten Nacht in Fulda?

☒ im Corsa

Wen findet Marie im Schlosspark?

☒ Urs

Wohin fahren Can, Marie und Entenarsch von Fulda aus?

☒ zurück zum Hinterhof

Was erzählt Entenarsch über ihre Mutter?

☒ Sie hat kurze wellige Haare und trägt eine Brille.

➲ **Aufgabe 2**

a) vorausschauend – organisiert – fürsorglich – sicherheitsbewusst

Begründung: Auf Seite 90 erzählt Entenarsch, dass ihre Eltern immer alles planen und sich für alle Eventualitäten absichern. Sie sind auch fürsorglich, weil sie sich um das Wohlergehen ihrer Tochter sorgen.

b) Der ganze Ausflug bisher beweist, dass sie nicht so ist wie ihre Eltern. Unorganisiert und spontan hat sie sich mit Can und Marie auf den Weg ins Ungewisse gemacht.

➲ Aufgabe 3

a) Cans Eltern haben nicht so viel Geld, | deswegen können sie ihm kein Auto kaufen.

Cans Haare schneidet | er sich selbst, manchmal lässt er Vika ran.

Can hat Pavel erzählt, dass seine Eltern | einen Porzellanladen hatten.

Unser Pavel hat Can Orangenlimo gegeben, | als dieser von den Schulden seiner Eltern erzählt hat.

Entenarsch hat Can immer für den Ältesten gehalten, | weil er nur von seinen jüngeren Geschwistern gesprochen hat.

Vor über 10 Jahren | ist Cans älterer Bruder gestorben.

Entenarsch greift nach Cans Hand | und dieser drückt sie ganz fest.

Cans Bruder war sehr still und klug, | nach dessen Tod war er laut und immer präsent.

Nun wird klar, warum Can so laut und gesprächig ist: | Er wollte den Verlust seines Bruders übertönen.

Übrig bleiben: ... nur sein Friseur Achmad; ... ist Cans ältere Schwester gestorben.

b) Es bringt nichts, darüber nachzudenken, was hätte sein können, da man es nicht ändern kann. (Anspielung auf Konjunktiv, „hätte, hätte, Fahrradkette")

c) Welches Stilmittel wird in dem Zitat aus b) verwendet?

☒ Metapher

➲ Aufgabe 4

a) Es wird mit der „Geschichte hinter dem X" angedeutet, dass es noch etwas gibt, vor dem Entenarsch Angst hat, dass es rauskommt.

b) ☒ Es gibt etwas, das sie nicht hätte sagen sollen.
☒ Ihr Spitzname Entenarsch beschäftigt sie.

➲ Aufgabe 5

a) Zusammen mit Urs gehen Can, Marie und Entenarsch zu einer *Party bei dessen Kumpel Bjarne.*

Dort werden neben größeren Mengen Alkohol auch *Drogen konsumiert.*

Entenarsch trinkt eine *ganze Flasche Sekt.*

Sie und ein fremder Typ betätigen sich als *Bademeister.*

Sie hat so viel Spaß, dass sie überlegt, *nach Fulda zu ziehen.*

Aber jemand sagt: „»Fulda *ist doch auch nur Fulda!«" (S. 106, Z. 28)*

Entenarsch wird klar, dass *es egal ist, wo man lebt.*

Völlig verkatert helfen die drei beim *Aufräumen des Hauses.*

b) Die Lösungen zum Arbeitsblatt befinden sich im Downloadbereich des Lehrerhefts.

➲ Aufgabe 6

a) Pavel hat sie Entenarsch genannt, als sie den Hinterhof betreten hat. Das löscht für sie alle bisherigen Fortschritte aus.

b) Für sie fühlt es sich so an, als würde sie als Einzige Pingpong spielen, die anderen hingegen spielen Fußball, wobei sie immer im Abseits steht.

c) Individuelle Lösung, mögliche Antwort: Da Entenarsch die Erzählerin ist, ist es unwahrscheinlich, dass sie wirklich aussteigt.

➲ Aufgabe 7

b) Womit verbringt Entenarsch die Zeit allein zu Hause?
☒ Herumsitzen und Putzen

Die Begegnung mit wem bringt Entenarsch dazu, es sich anders zu überlegen?
☒ Achmad

Wie wird Jos Freund, von dem seine Mutter erzählt, genannt?
☒ Fünfzehn Cent

Wo wohnt Jos Kindheitsfreund jetzt?
☒ Ulm

➲ Wahlaufgabe

Individuelle Lösung

➲ Aufgabe 8

a) Der Schreibtisch symbolisiert ihr Studium und steht ähnlich wie dieses auf wackligen Beinen.

b) Ihren Schreibtisch, auf dem die Studienunterlagen liegen, hat sie in den letzten Tagen ignoriert. Als sie mit den anderen unterwegs war, fiel es ihr leichter. Sie verdrängt, dass sie gescheitert ist. Nacheinander zerreißt sie ihre Unterlagen in Schnipsel, die sie wie Konfetti in die Luft wirft.

c) Beide können nicht allein sein und haben es nicht leicht.

Kapitel 4

Eigene Kapitelüberschrift: Fulda – das Ende der Geschichte?

Figuren: Can, Entenarsch, Marie, Urs Behrenbergs Schwester, Achmad

Ort(e): Fulda: Treppe am Dom, bei Urs, Schlosspark, bei Bjarne. Entenarschs Wohnung, vor dem Waschsalon

Handlung: Can, Entenarsch und Marie fahren zu Urs nach Fulda. Jo war im Frühling bei Urs, hat ihm aber eine Postkarte von einem Festival geschickt, auf dem Otto spielt. Sie fahren zurück zum Hinterhof. Entenarsch will nicht mehr mitmachen und ignoriert die Nachrichten der anderen. Sie denkt über einen Studienabbruch nach. Eine Begegnung mit Achmad bringt sie zum Umdenken: Sie fährt doch mit aufs Festival. Jos Mutter schreibt ihr, dass Jos Freund „Fünfzehn Cent" in Ulm wohnt.

SH 22

Kapitel 5 (S. 123–189)

➲ **Aufgabe 1**

b) Wen überrascht Entenarsch beim Knutschen auf dem Hinterhof?

☒ Pavel und Leroy

Wer fährt mit Entenarsch zum Festival?

☒ Can, Marie, Vika und Fine

Was nimmt Marie für Jo mit?

☒ Erbsen und Joghurtschokolade

c) Die Erbsen nimmt sie für Jo mit, damit er sich wie im heimischen Penny-Markt fühlt; die Schokolade, weil er diese für sie geklaut hat.

➲ **Wahlaufgabe**

Individuelle Lösung

➲ **Aufgabe 2**

b) Individuelle Lösung

c) Entenarsch ist anfangs etwas überfordert und bleibt stehen, weil sie keine unangenehme Situation auslösen will. Can lockert die Anspannung mit einem Spruch souverän auf. Marvin findet es komisch, aber Can und Entenarsch reden mit ihm, und schließlich kündigt er sogar an: „»Und wenn da einer was gegen sagt, stech ich ihn ab« […].“ (S. 157, Z. 1)

d), e) und f) Individuelle Lösungen

➲ **Aufgabe 3**

a)

Vika fragt, *ob Entenarsch nicht lernen müsse.*	Entenarsch antwortet, *es seien Semesterferien.* Sie denkt sich, *dass Vika sich mit dem Scheitern auskennt,* und sagt ihr die Wahrheit: *Sie werde das Studium wahrscheinlich abbrechen.*
Vika fragt nach dem Grund.	Entenarsch gesteht ihr, *es nicht hinzukriegen.*
Vika versteht das nicht, schließlich *sei Entenarsch schlau.*	Entenarsch erklärt ihre Gründe: *Sie fühle sich zu jung* und das Praktikum *an einer Schule sei furchtbar gewesen.*
Vika zeigt Verständnis, ein Praktikum sei *die Hölle.*	
Can rät *Entenarsch zum Studienabbruch.*	
Inge erzählt, *dass ihr Mann nach 56 Jahren Ehe verstorben sei und nun auf dem Friedhof liege.*	
Can beschreibt Lehramt als *Rückkehr in die Gebärmutter.*	
Inge erzählt, ihr Mann *habe am Ende nicht mehr sprechen können und sie habe ihn füttern müssen.*	
Can gesteht, *dass er Entenarsch fertiggemacht hätte, wäre sie seine Lehrerin gewesen.*	
Vika stimmt zu.	
Inge erzählt, *dass sie schon immer gern Enten gefüttert habe, ihr Mann aber nicht.*	
Can sagt Inge, *er würde mit ihr Enten füttern, wenn er 50 Jahre älter wäre.*	
Inge will Vika und Entenarsch einen Rat geben, aber der Busfahrer schließt die Tür.	
Vika fragt, *was Entenarsch denn statt der Uni machen wolle.*	Entenarsch hat darauf keine Antwort und bittet um einen Themenwechsel.
Can geht auf Entenarschs Bitte ein und beendet das Thema, indem *er anfängt, über Pistazieneis zu sprechen.*	

b) Individuelle Lösung, mögliche Antwort: Du solltest zur Studienberatung gehen. Und wenn du eine Entscheidung getroffen hast, sprich mit deinen Eltern darüber. Man kann nicht immer gleich nach der Schule wissen, was der richtige Beruf für einen ist.

Die hier folgende Aufgabe ist eine auflockernde Zusatzaufgabe, die Sie stellen können, wenn es der zeitliche Rahmen zulässt. Aufgabe b) kann auch als Frage an die Klasse gerichtet werden. Vorträge oder Referate wären ebenfalls denkbar.

➲ Zusatzaufgabe

a) Ottos Band heißt „Die Blümchenschlüpper" und sie machen Punkrock.

➤ Wenn du in einer Band bist: Wie heißt sie und welche Musik macht ihr? Wenn du möchtest, kannst du sie der Klasse vorstellen.

➤ Wenn du eine Band hättest: Wie würdest du sie nennen und welche Musik würdet ihr machen?

____

____

b) Recherchiert (z. B. auf https://www.laut.de/Genres/Punk-67) über Punkrock. Verfasst ein Handout, auf dem ihr die Geschichte, wichtige Vertreter und die heutige Situation darstellt.

Alternativ: Ihr könnt auch die Musikrichtung eurer eigenen Band wählen.

c) Erstellt ein Konzertplakat zu eurer eigenen, einer realen oder fiktiven Band. Es können auch die Blümchenschlüpper sein.

➲ Aufgabe 4

b)

Rückblende 1 (S. 165): Entenarschs Nacht mit Can

Zusammenfassung: Als die drei bei Matthes übernachten, berührt Cans Bein Entenarsch. Sie küssen sich und knutschen dann in der Badewanne, weil sie es nicht neben Marie tun wollen.

Hättest du damit gerechnet? Individuelle Lösung, mögliche Antwort: Ich war überrascht, aber wenn man nachliest, wird klar, dass es schon angedeutet wurde.

Rückblende 2 (S. 188 f.): Die Geschichte hinter dem X

Zusammenfassung: Entenarsch hat zufällig bei der Arbeit mitbekommen, wie Jo Otto erzählt hat, dass er Marie betrogen hat. Aus Rache, weil sie wegen ihm Entenarsch genannt wird, hat sie damals Marie davon erzählt – in dem Wissen, dass das ihre Beziehung mit Jo zerstören würde.

Wie reagiert Marie auf Entenarschs Geständnis? Wie fühlt sich Entenarsch? Entenarsch fühlt sich schlecht deswegen, wie jemand, den man nicht mögen kann. Marie sagt nichts, sie steht stattdessen auf und übergibt sich. Ob aus Ekel vor Entenarschs oder Jos Verhalten oder wegen des Alkohols bleibt ungesagt. Anschließend gesteht sie Entenarsch aber zu, dass es richtig war, dass sie es ihr damals erzählt hat.

Wie hättest du dich an Maries Stelle gefühlt? Individuelle Lösung, vermutlich wütend, weil Entenarsch aus Rache die Beziehung zerstört hat, wütend auf Jo, enttäuscht von Jo, weil dieser sie betrogen hat, dankbar, dass jemand ihr die Wahrheit gesagt hat.

SCHREIBAUFGABE 3

Die alte Geschichte ... alles vorbei, alles egal. Keiner hat Schuld. Auch Entenarsch nicht. Alles musste raus. Alles habe ich rausgekotzt! Am liebsten auch mein beschissenes Leben! Habe keine Perspektive! Realschulabschluss. Azubi bei Penny ... Ist es das, was ich vom Leben erwartet habe? Habe ich mir mein Leben so vorgestellt? Ganz sicher nicht. Der neue Wendthoff, er würde mich nehmen, ein Pausenraum mit Fernseher! Scheiß drauf! Schon wieder in der Sackgasse! Mein ganzes Leben ist eine Sackgasse! Ich komme nicht weiter, kann nur umdrehen. Nicht weitergehen, nicht nach vorne gehen! Immer nur zurück! Entenarsch ... Was hat sie denn gerade gemeint? Mein Kopf, wie benebelt ... Jo hat sie Entenarsch genannt. Aus Rache ... aus Rache hat sie Jos Fremdvögelei verraten. Weil er es nicht selbst getan hat, weil er sie Entenarsch genannt hat. Was für ein bescheuerter Spitzname! Rache ... Macht das einen Unterschied? Alles ist kaputt. Jo habe ich verloren, so oder so! Er hat es mir nicht selbst gesagt. Das ist das Schlimmste! Oh Mann, mein Kopf, alles brummt. Und mein Magen dreht sich schon wieder um. Zu viel Wodka! Entenarsch ... Eigentlich hab ich sie ganz gern. Ist schon wie eine Freundin geworden. Sie hat keine Schuld. Er hat fremdgevögelt, er hatte nicht den Mut, es mir zu sagen, er, Jo! Und trotzdem! Trotzdem will ich ihn wiedersehen, will ihn finden, in die Arme schließen, will das Gefühl haben, dass alles wieder gut wird. Dosenerbsen und Joghurtschokolade mit ihm essen. Das will ich so sehr. Ich möchte mehr vom Leben!

(255 Wörter)

Kapitel 5

Eigene Kapitelüberschrift: Die Geschichte hinter dem X

Figuren: Leroy, Entenarsch, Can, Marie, Vika, Fine, Otto, Pavel, Marvin

Ort(e): am Hinterhof, auf dem Festival

Handlung: Entenarsch, Can, Marie, Vika und Fine fahren zu dem Festival, auf dem Ottos Band spielt. Entenarsch erzählt, dass sie ihr Lehramtsstudium abbrechen will. Pavel und Marvin reisen mit Otto an. Auf dem Weg dorthin bleibt der Corsa liegen, sie laufen den Rest. Entenarsch beichtet Marie, dass sie ihr aus Rache von Jos Fremdgehen erzählt und so ihre Beziehung zerstört hat. Marie übergibt sich.

Kapitel 6 (S. 190–212)

SH 28

➲ Aufgabe 1

b) Wo hat die Gruppe übernachtet?
☒ im Wohnmobil der Blümchenschlüpper

Wie kommt die Clique nach Ulm?
☒ mit dem Wohnmobil

➲ Aufgabe 2

a) Metapher; „über die Scherben steigen" als Ausdruck dafür, dass Entenarsch einiges kaputtgemacht hat, als sie sich an Jo gerächt hat.

b) Individuelle Lösung, mögliche Antwort: Can hat Recht, sie muss etwas unternehmen, um den Frieden wiederherzustellen. Ihre einzige Chance für eine Versöhnung mit Marie ist es, Jo zu finden.

➲ Wahlaufgabe

Individuelle Lösungen

➲ Aufgabe 3

b) Wen treffen die Jugendlichen in Ulm?
☒ Fünfzehn Cent

Was erfahren sie über Jos Aufenthaltsort?
☒ Jo ist am Meer.

➲ Aufgabe 4

a) Der Satz ist ein komplexes Satzgefüge, das aus vielen Haupt- und Nebensätzen besteht.

b) Sie erzählt, als würde sie mündlich berichten, und flicht dabei immer wieder Gedanken ein, die ihr gerade durch den Kopf gehen. Sie verwendet viele sprachliche Mittel, hier einen Vergleich.

➲ Aufgabe 5

Eine Kopiervorlage des ausgefüllten Kreuzworträtsels finden Sie im Downloadbereich.

1. Wo war Jo? Bei FÜNFZEHN CENT
2. Sonntagsaktivität von Jo und der Oma. DOPPELKOPF
3. Spiel, das Jo mit der Oma gespielt hat. BILLARD
4. Alter der Oma DREIUNDSIEBZIG
5. Wo saß Jo in Ulm gern? Im HINTERHOF
6. Was hat sich Jo mit der Oma geteilt? ZIGARETTE
7. Beziehung zwischen Jo und der Oma: INEINANDER VERSCHOSSEN
8. Wie lange war Jo in Ulm? EIN PAAR WOCHEN
9. Wo saß Jo mit der Oma? BANK
10. Wie ging es Jo in Ulm? GUT

Lösungswort: GLUECKLICH

➲ Zusatzaufgabe

Eine aktivierende Vorübung zu Aufgabe 6:
Die Schülerinnen und Schüler stellen sich im Kreis auf. Die Lehrkraft beginnt nun mit dem Satz: „Wenn ich ans Meer denke, denke ich an ...“ (z. B. frische Meerluft). Dann kommen die Lernenden nacheinander an die Reihe. Diese Übung könnte auch mit „Nordsee“ durchgeführt werden und wäre auch als Gruppenarbeit möglich.

➲ Aufgabe 6

a) Individuelle Lösung

b)

Mittelmeer	Nordsee
z. B. warm, entspannend, rauskommen, weiter in den Süden, wollte vielleicht immer mal hin ...	z. B. hat es aus seiner Kindheit positiv in Erinnerung, könnte sein sicherer Hafen sein ...

c) **Mittelmeer:** individuelles Ergebnis
Nordsee: individuelles Ergebnis

Kapitel 6

Eigene Kapitelüberschrift: Der Morgen nach dem Sturm

Figuren: Can, Marie, Entenarsch, Vika, Marvin, Otto, Tiger, Fünfzehn Cent, Pavel

Ort(e): Festivalgelände, Ulm

Handlung: Entenarsch will Jo für Marie finden. Mit dem Wohnmobil der Blümchenschlüpper fahren alle nach Ulm. Dort finden sie Jos Freund Fünfzehn Cent, der ihnen verrät, dass Jo bis vor zwei Wochen bei ihm war und ans Meer wollte. Alle denken, er sei am Mittelmeer, nur Entenarsch ist überzeugt, dass er an der Nordsee ist. Sie macht sich auf eigene Faust auf den Weg.

Kapitel 7 (S. 215–220)

SH 32

➲ Aufgabe 1

b) Welche Eissorte bestellt Entenarsch?
   ☒ Pistazie

   Wo trifft Entenarsch auf Jo?
   ☒ In der Eisdiele, in der er arbeitet.

   Woher hat Entenarsch gewusst, wo sie Jo finden würde?
   ☒ Sie hat ihn dort auf den Fotos von seiner Mutter gesehen.

➲ Aufgabe 2

a) Individuelle Lösung

b) Individuelle Lösungen, mögliche Antworten: Sie ist nicht spontan, bzw. war es vor der Reise nicht. Sie will nicht enttäuscht werden, und so weiß sie, was sie bekommt. Sie ist unsicher und mag vielleicht auch das „Bestellen" nicht, daher immer die gleiche Sorte. Sie mag Verlässlichkeit und weniger das Abenteuer. Die Geschichte zeigt allerdings, dass sie immer abenteuerlustiger wird.

➲ Aufgabe 3

a) Seine Haare sind etwas länger und er hat die Hände nicht bandagiert, ansonsten hat er sich nicht verändert.

b) Er hat Abstand zu seinem Alltag gewonnen und Zeit zum Nachdenken gehabt. Vielleicht fühlt er sich nun freier und wohler dadurch und hat sich deshalb auch nicht mehr selbst verletzt.

c) „»Ich habe gedacht, vielleicht finde ich hier irgendwas«, Jo schaut auf das verschwundene Meer, die ältere Frau hat sich inzwischen wieder berappelt und den trockenen Strand erreicht, »das ich vergessen hab.«" (S. 217, Z. 24–27)

d) Er könnte vielleicht eine glücklichere Zeit, eine schöne Zeit mit seinen Eltern, meinen, an die er sich gerne zurückerinnern würde.

e) Individuelle Lösung

➲ Aufgabe 4

a) 1. Entenarsch beichtet Jo alles.
   2. Jo steht auf.
   3. Jo geht für eine Weile weg.
   4. Jo taucht wieder am Ende des Deichs auf.
   5. Jo ist gerührt und überrascht, dass die anderen so viel auf sich genommen haben, um ihn zu finden.
   6. Jo gibt Entenarsch seine neue Nummer.
   7. Jo erklärt, dass er noch nicht bereit für eine Rückkehr sei.
   8. Entenarsch schreibt ihren Spitznamen in den Sand und sieht zu, wie er im Meer verschwindet.

b) Sie macht sich Gedanken über ihren Spitznamen und kommt zu dem Schluss, dass sie nicht für immer Entenarsch bleiben muss. Sie versucht, sich damit abzulenken.

c) Mögliche Antworten: Wird Jo mir verzeihen? Kommt er mit zurück? Verzeiht Marie mir? Bin ich jetzt kein Entenarsch mehr?

d) Sie möchte ein besserer Mensch und nicht länger ein Entenarsch sein. Sie möchte dazugehören und keine Außenseiterin mehr sein.

e) Nenn mich nie wieder Entenarsch! Nie wieder!

➲ Aufgabe 5

a) Sie schreibt Entenarsch in den Sand, die Schrift verschwindet im Meer.

b) Sie lässt den Spitznamen und ihr früheres Ich zurück. Jo hat sie damals wegen ihres Verhaltens so genannt. Jetzt verschwindet ihr Spitzname im Meer, d. h. Lena ist jetzt kein Entenarsch mehr.

c) Erleichterung, Freiheit, Glück?, ...

d) Individuelle Lösung, mögliche Antwort: Ja, weil das für sie ein sehr wichtiger Moment ist.

e) Was wohl die anderen sagen werden?
   Ich will nie wieder Entenarsch sein!
   Ich freue mich auf den Hinterhof!
   ...

Kapitel 7

Eigene Kapitelüberschrift: Die Suche hat ein Ende

Figuren: Entenarsch, Jo

Ort(e): an der Nordsee

Handlung: An einer Eisdiele trifft Entenarsch endlich auf Jo und sie unterhalten sich. Sie beichtet ihm, was sie getan hat, und erzählt von der Suche nach ihm, an der sich alle beteiligt haben. Er kommt nicht mit zurück (noch nicht), gibt ihr aber seine Handynummer, bevor sie abfährt.

Kapitel 8 (S. 221)

SH 36

➲ Aufgabe 1

b) Zum ersten Mal wird Entenarsch bei ihrem richtigen Namen genannt: Lena.

➲ Aufgabe 2

a)

	wahr	falsch
1. Jo ist nicht mit zurück zum Hinterhof gekommen.	X	
2. Marie hat 83 neue Nachrichten.		X
3. Achmad ruft Lena „Alles Fidschi!“ zu.		X
4. Can hat seine Nachricht in die Hinterhof-Gruppe geschrieben.	X	
5. Lena traut sich kaum, den Hinterhof zu betreten.		X
6. Lena hat die anderen immer auf dem Laufenden gehalten.		X

b) 2. Lena hat 83 neue Nachrichten: „Ich habe 83 neue Nachrichten.“ (S. 221, Z. 3)

3. Lena ruft Achmad „Alles Fidschi“ zu / Achmad nickt Lena zu: „»Alles Fidschi«, rufe ich, er […] nickt mir zu und verschwindet hinter der nächsten Ecke.“ (S. 221, Z. 14–16)

5. Es fällt Lena leicht, den Hinterhof zu betreten: „Ich betrete den Hinterhof, es geht ganz leicht.“ (S. 221, Z. 17)

6. Lena hat den anderen unterwegs nicht geschrieben, Textstelle wie bei 2.

c) Er steht dazu, dass er sie vermisst, indem er es vor allen, also in der Hinterhof-Gruppe, schreibt.

➲ Aufgabe 3

Individuelle Lösung, mögliche Antwort: Ich finde den Schlusssatz perfekt, weil er den ganzen Roman widerspiegelt. Man muss manchmal aus dem Trott ausbrechen und etwas wagen, um etwas zu erleben und daran wachsen zu können.

SCHREIBAUFGABE 4

Und, alles Fidschi, Leute?

Weit gucken, ja, das muss man wohl! Da hat unser Pavel recht. Und das haben wir alle in den letzten Tagen und Wochen verdammt nochmal getan. Eure Nachrichten in der Hinterhof-Gruppe habe ich noch nicht gelesen. Dafür war keine Zeit. Ich hätte euch sowieso nicht antworten wollen, hatte mein Handy auf lautlos, weil ich es euch persönlich sagen möchte: Ich habe Jo an der Nordsee gefunden. Er arbeitet dort in einer Eisdiele – ich habe Pistazieneis bei ihm bestellt. Ja, ich habe ihn tatsächlich gefunden! Er wohnt beim Großonkel von Fünfzehn Cent. Er ist immer noch gleich groß, seine Haare sind etwas länger als früher, aber er hat keine Mullbinden mehr an den Armen. Ich habe ihm von unserer Suche erzählt, von Urs, von seiner zickigen Schwester, vom Festival, dem Tourbus, von den Blümchenschlüppern und von unserem Besuch bei Fünfzehn Cent. Ich habe ihm von der Autobahnauffahrt und von der Party erzählt und vor allem davon, dass wir ihn alle gesucht haben, sogar Yasmin und Marvin. Marie, ich habe ihm gesagt, dass du die Erste sein wolltest, die er sieht. Dann habe ich ihm deine Erbsendose gegeben. Gefreut hat er sich, das habe ich in seinen Augen gesehen. Dass wir bis ans Mittelmeer für ihn gefahren wären, das fand er verrückt. Doch zurück zu uns, auf den Hinterhof, in sein altes Leben, konnte er nicht. Noch nicht. Hierhin hat er seine Handynummer geschrieben. Auf meinen Handballen. Für uns. Lasst ihn uns in die Hinterhof-Gruppe aufnehmen! Dann gehört er wieder zu uns!

(254 Wörter)

Kapitel 8

Eigene Kapitelüberschrift: Lenas Rückkehr

Figuren: Lena, Achmad

Ort(e): Hinterhof

Handlung: Can schreibt in die Chat-Gruppe, dass er Lena vermisst. Lena kommt zurück von der Nordsee. Die Geschichte endet, als sie die Plattform auf dem Hinterhof betritt.

SH 38

Die Handlung im Überblick

Stationen der Reise: Hinterhof irgendwo im Ruhrgebiet, Münster, Fulda, Hinterhof, Festival (halbe Stunde von Fulda), Ulm, Nordsee, Hinterhof

SH 40

Meine Gedanken zum Roman

➲ **Aufgabe 1**

Individuelle Lösung

Aufgabe 2

a)
- Die Hinterhof-Clique besteht aus den Aushilfen des Penny-Markts. Einer von ihnen, Jo, ist seit Monaten verschwunden.
- Sie beschließen, nach ihm zu suchen, und folgen den Postkarten, die er seiner Ex-Freundin Marie geschickt hat, und den Hinweisen von weiteren Personen.
- Entenarsch fährt, obwohl sie Jo nicht vermisst: Ihm verdankt sie den Spitznamen. Sie ist schuld daran, dass Marie Jo verlassen hat, weil sie ihr aus Rache an Jo erzählt hat, dass dieser sie betrogen hat.
- Entenarsch und Can nähern sich einander an.
- Die Suche führt sie nach Münster, Fulda, auf ein Festival und nach Ulm. An der Nordsee findet Entenarsch Jo schließlich.

b) Individuelle Lösung

c) Individuelle Lösung

SCHREIBAUFGABE 5

***Nach vorn, nach Süden* – ein absolut lesenswerter Roman von Sarah Jäger**

Entenarsch – solch einen Spitznamen trägt man nicht freiwillig. Doch Lena will nun mal dazugehören. Also muss sie ihren Namen wohl oder übel in Kauf nehmen. Die Hinterhof-Clique besteht aus den Aushilfen des Penny-Markts und ihr Treffpunkt ist dessen Hinterhof. Jo, ein Mitglied der Clique, ist seit Monaten verschwunden. Deshalb beschließen seine Ex-Freundin Marie, Can und Entenarsch, ihn zu suchen, indem sie den Postkarten, die er an Marie geschrieben hat, und einigen Hinweisen folgen.

Entenarsch erklärt sich bereit zu fahren, da sie ein Auto hat. Sie möchte Jo gar nicht unbedingt wiederfinden. Denn sie ist insgeheim schuld daran, dass Marie Jo verlassen hat.

Auf der Suche nach Jo treffen die Mitglieder der Clique auf andere junge Menschen und sehen, wie es in einem anderen Penny-Markt und in dessen Hinterhof zugeht, übernachten bei neuen Bekannten, gehen auf Partys und Festivals und lernen einander besser kennen. Jedes der Cliquen-Mitglieder hat seine Geschichte, seine Familie, seine Gefühle und Probleme.

Sarah Jägers Debütroman *Nach vorn, nach Süden* ist auf 224 Seiten locker aus Entenarschs Sicht erzählt, hat aber trotzdem sowohl inhaltlichen als auch sprachlichen Tiefgang. Neben den lustigen Momenten werden auch ernste Themen behandelt, etwa wenn es um Jos und Cans Familien oder Entenarschs Studienabbruch geht. Die Autorin hat den Figuren sprachliche Marotten verpasst, die amüsieren, wenn Pavel Sprichwörter verdreht, Can Witze macht oder Entenarsch die Deutschlehrerin raushängen lässt.

Am Ende findet die Hinterhof-Clique nicht nur Jo, sondern einige der Mitglieder finden sich gegenseitig und finden vor allem zu sich selbst.

Mit Themen wie Freundschaft oder Glücklichsein und Fragen wie *Wer bin ich?* oder *Wo ist mein Platz in der Welt?*, die jugendliche Leserinnen und Leser beschäftigen, und einer erfrischenden und ansprechenden Sprache ist *Nach vorn, nach Süden* vor allem für Jugendliche ein absolut lesenswerter Roman.

Begleiten Sie Lena auf ihrem abenteuerlichen und erlebnisreichen Roadtrip auf der Suche nach Jo, nach Freundschaft, nach Glück, nach Liebe und nach sich selbst!

(315 Wörter)

SH 6

Figurenkonstellation

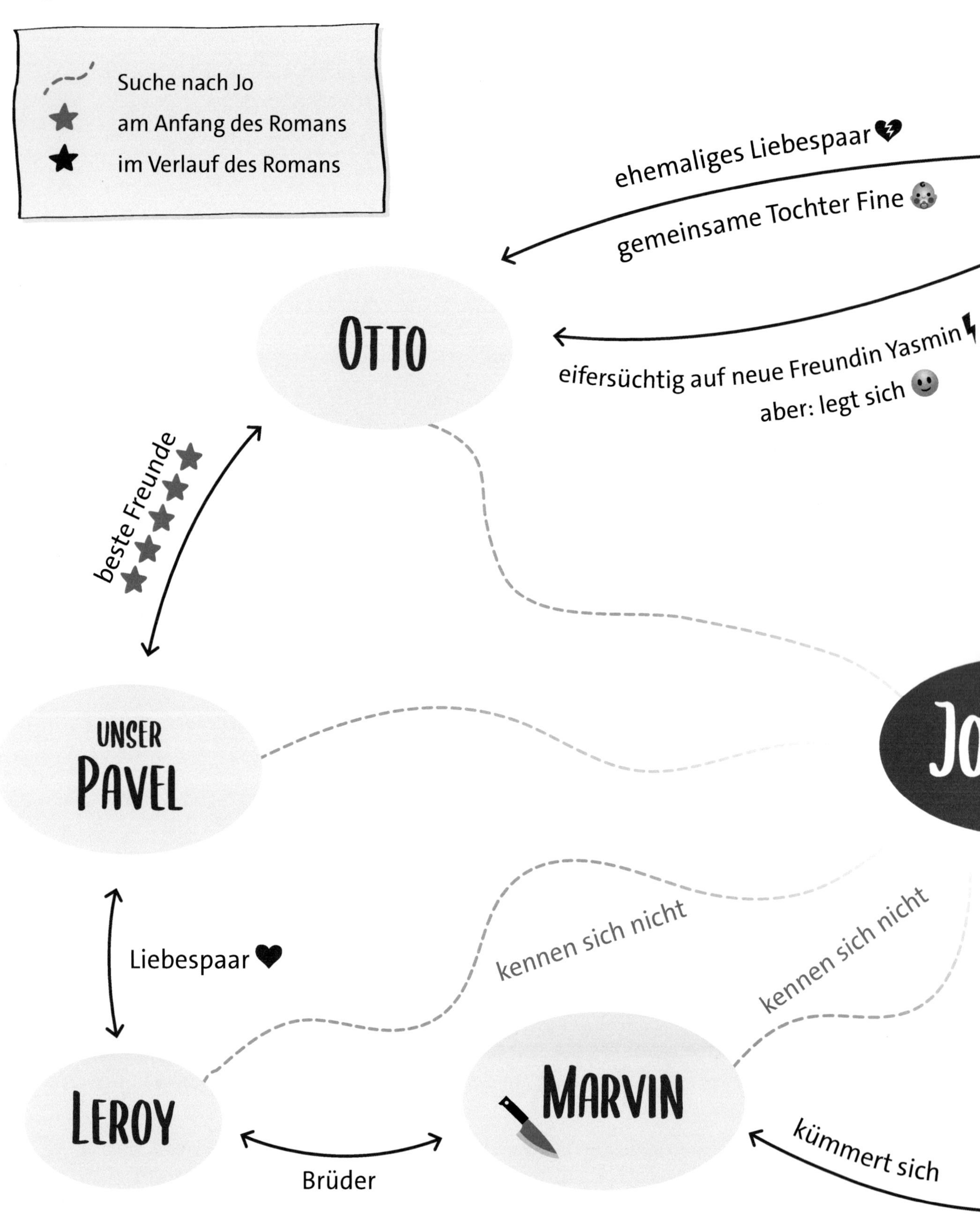

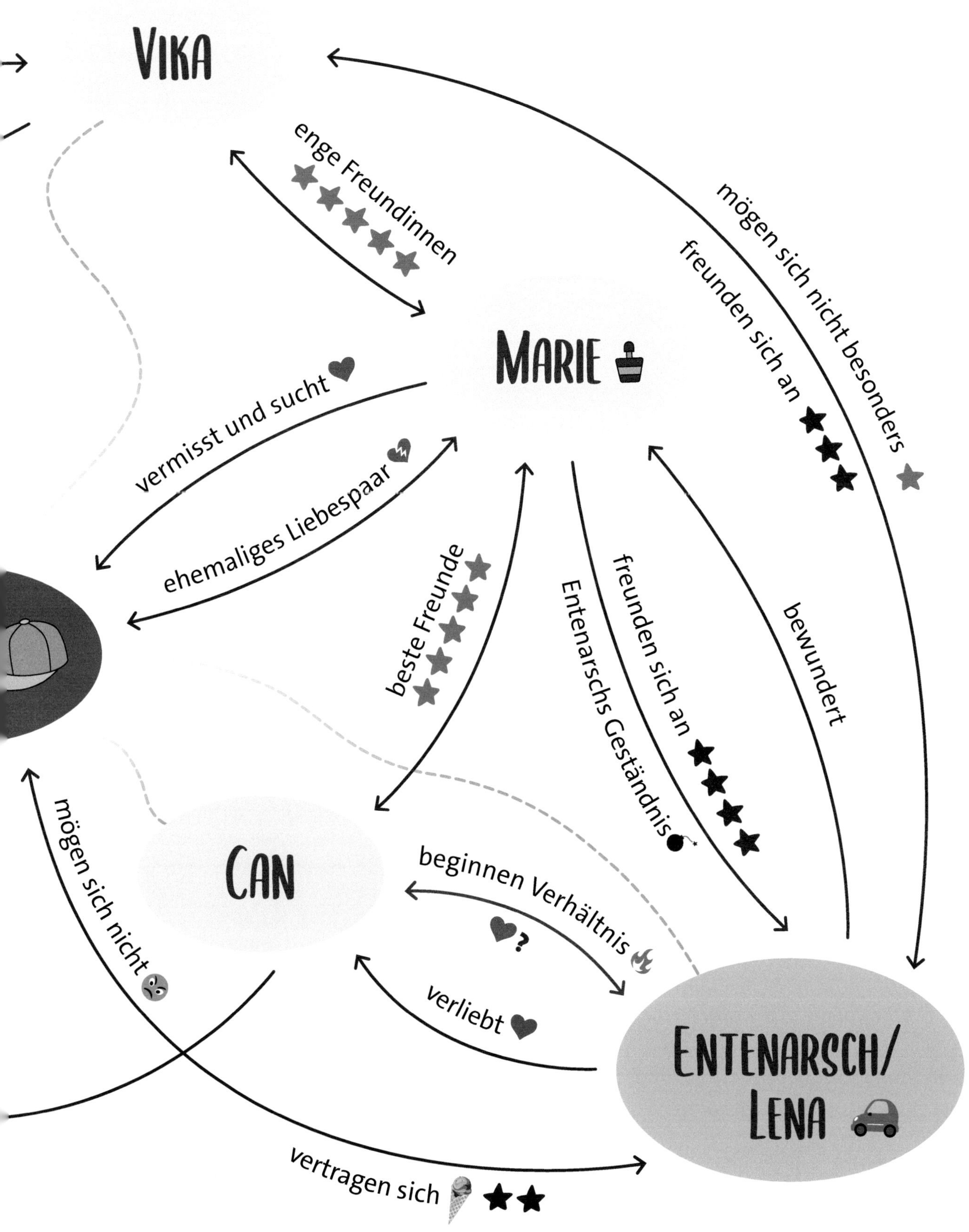

Vika
enge Freundinnen
mögen sich nicht besonders
freunden sich an
Marie
vermisst und sucht
ehemaliges Liebespaar
beste Freunde
bewundert
freunden sich an
Entenarschs Geständnis
Can
mögen sich nicht
beginnen Verhältnis
verliebt
Entenarsch/
Lena
vertragen sich

SH 42

Figuren und ihre Beziehungen

Jo

Spruch/Aussage: „»Ich habe gedacht, vielleicht finde ich hier irgendwas […] [,] das ich vergessen hab.«“ (S. 217, Z. 24–27)

Alter: 16

Nachname: Weuner

Familie: Mutter hat die Familie verlassen und ist nach Münster gezogen, Vater Paul ist überfordert

Beziehungen: hatte eine Beziehung zu Marie, er ist allerdings fremdgegangen

Aussehen: hellbraune Haare; trägt Baseballcaps; zwei Zentimeter kleiner als Marie

Besonderheiten: seit 6 Monaten verschwunden; hat sich schon öfter selbst verletzt

Vika

Spruch/Aussage: „»Du wolltest Jo zerstören, und Marie war für dich nur ein Dings.«“ (S. 201, Z. 7 f.)

Alter: 18, *2000

Tätigkeit: Aushilfe bei Penny, wechselnde Praktika

Familie: Mutter, 1,5-jährige Tochter Fine mit Otto

Beziehungsstatus und frühere Beziehungen: Single, früher mit Otto zusammen, eifersüchtig auf dessen neue Freundin Yasmin

Aussehen: trägt immer Shirts mit Sprüchen, findet sich zu dick

Pavel

Spruch/Aussage: „»Man muss doch mal weit gucken … das braucht man doch mal, oder nicht?« […].“ (S. 13, Z. 17 f.)

Spitzname: unser Pavel

Alter: 18

Tätigkeit: Aushilfe bei Penny, macht Fachabitur

Familie: Mutter, die sich wünscht, dass er Geschäftsführer wird

Beziehungsstatus: in einer Beziehung mit Leroy

Aussehen: Brille, fettige Haare, Pickel, schlank

Eigenarten: beendet Sätze mittendrin, verdreht Sprichwörter, handwerklich geschickt, liebt Orangenlimonade

Otto

Spruch/Aussage: „»Es war die Aushilfskraft mit einer Bratwurst« […]". (S. 16, Z. 18)

Alter: vermutlich auch ca. 18

Tätigkeit: Aushilfe bei Penny, Bassist in der Punkband „Die Blümchenschlüpper"

Familie: 1,5-jährige Tochter Fine mit Vika

Aussehen: trägt immer rote Chucks, Nadelstreifenhosen, weiße Hemden

Beziehungsstatus und frühere Beziehungen: in einer Beziehung mit Yasmin, früher mit Vika

Leroy

Spruch/Aussage: „»Der Wendthoff kann mich mal.«" (S. 19, Z. 29)

Alter: 17

Tätigkeit: Aushilfe bei Penny

Familie: jüngerer Bruder Marvin, älterer Halbbruder mit Kind

Beziehungsstatus: in einer Beziehung mit Pavel

Aussehen: versteinerte Miene

Eigenarten: klaut, ist faul, hält sich nicht an Regeln

Marvin

Spruch/Aussage: „»Haste wenigstens 'ne Erinnerung.«" (S. 198, Z. 28)

Spitzname: Checker

Alter: 13

Tätigkeit: Aushilfe bei Penny

Familie: älterer Bruder Leroy, älterer Halbbruder mit Kind

Eigenarten: klaut, frech

Can

Spruch/Aussage: „Lena, was macht die Nordsee? Du fehlst. Bei Licht und überhaupt." (S. 221, Z. 6–9)

Alter: ca. 18/19, demnächst Abiturient

Tätigkeit: Aushilfe bei Penny, macht im nächsten Jahr Abitur, ist einmal durchgefallen

Familie: älterer Bruder ist vor über 10 Jahren gestorben, hat zwei jüngere Schwestern und einen kleinen Bruder

Aussehen: dunkle Haare, an den Seiten kurz, schneidet sie selbst

Eigenarten: nie um einen Spruch verlegen, laut

Marie

Spruch/Aussage: „»Ich werde Jo suchen.«" (S. 22, Z. 24)

Alter: 17, *2001

Tätigkeit: Aushilfe bei Penny; hat gerade den Realschulabschluss geschafft

Familie: Mutter, Reinigungskraft

Beziehungen: hatte eine Beziehung mit Jo, der fremdgegangen ist

Aussehen: hübsch

Eigenarten: lackiert Fingernägel, wenn sie gestresst/wütend ist

Entenarsch

Spruch/Aussage: „Seinen Namen sucht man sich nicht aus, der wird einem gegeben, erst bei der Geburt und dann hier auf dem Hinterhof." (S. 8, Z. 13–15)

Richtiger Name: Lena

Alter: 19, *1999

Aussehen: mittelbraune Haare

Tätigkeit: Aushilfe bei Penny; Lehramts-Studentin, denkt darüber nach, das Studium abzubrechen

Familie: Eltern, arbeiten bei einer Rentenversicherung, immer gut vorbereitet, wohnen in gleicher Stadt; Onkel, der ihr zeigt, wie man tankt

Beziehungen: entwickelt eine Beziehung zu Can; festigt während der Handlung ihre freundschaftlichen Beziehungen zur Hinterhof-Clique

Eigenarten: fährt nicht auf der Autobahn, nur Bettwäsche mit geometrischen Mustern

➲ Aufgabe 1

a) Studium, Zuneigung zu Can, Außenseitertum, Verhalten gegenüber anderen, Verrat von Jos Fehltritt an Marie, ihr Spitzname, Angst vor der Autobahn, Verhalten der Eltern

b) **Bleibt offen:** Studium, Verhalten der Eltern
Gelöst: Zuneigung zu Can, Außenseitertum, Verhalten gegenüber anderen, Verrat von Jos Fehltritt an Marie (Aussprache), ihr Spitzname, Angst vor der Autobahn

➲ Aufgabe 2

a) Sie deutete Jo gegenüber an, dass Can in Marie verliebt sein könnte. Dieser reagierte ungehalten darauf und bezeichnete sie wegen ihres Verhaltens als Entenarsch. Sie wollte sehen, wie er reagiert, und hat deswegen diese unnötig provokante Frage gestellt, obwohl sie schon ahnte, dass Jo in Marie verliebt war. (vgl. S. 56)

b)

ENTENARSCH

Kapitel 1: Ausgangssituation
Sie ist eine Außenseiterin, die zwar mit der Clique abhängt, aber nicht wirklich dazugehört. Alle nennen sie Entenarsch.

Kapitel 2:
Entenarsch ist unsicher beim Autofahren und würgt den Corsa immer wieder ab. Can ist zunächst nicht besonders nett zu ihr, er und Marie zweifeln an ihren Fahrkünsten. Schließlich unterhalten sie sich doch ganz gut, wenn auch nur oberflächlich, und Entenarsch fährt zwar langsam, aber sicherer – außer als Cans Anblick sie ablenkt.

Kapitel 3:
Entenarsch will Marie mit Jo helfen, diese ist ihr dankbar dafür. Die drei nähern sich einander an. Mit Jos Mutter lassen sie Entenarsch allein.

Kapitel 4:
Das Tanken fällt ihr leicht. Trotz der gemeinsamen Erlebnisse fühlt sie sich am Ende des Kapitels immer noch als Außenseiterin, daran ändert auch das Lady-Gaga-Shirt nichts.

Kapitel 5:
Die Fahrt zum Festival verläuft gut, bis der Corsa liegenbleibt. Auf dem Festival hat sie zwar Spaß mit den anderen und freundet sich näher mit ihnen an, aber die Geschichte hinter dem X quält sie. Vor ihrem Geständnis sagt Marie, dass sie Entenarsch mittlerweile gernhat. Außerdem denkt Entenarsch, nicht gut genug für Can zu sein.

Kapitel 6:
Sie fühlt sich nach ihrem Geständnis nicht nur von Marie, sondern auch von der ganzen Gruppe isoliert und ist entschlossen, Jo zu finden, um alles wieder hinzubiegen. Sie fährt mit dem Wohnmobil nach Ulm und sogar an die Nordsee, ein großer Schritt für sie.

Kapitel 7:
Sie verabschiedet sich von ihrem alten Ich dadurch, dass sie ihren Spitznamen im Sand vom Meer wegwischen lässt.

Kapitel 8: Situation am Romanende
Sie wird von Can vermisst und zum ersten Mal mit ihrem richtigen Namen angesprochen. Ihr fällt es zum ersten Mal leicht, den Hinterhof zu betreten. Achmad ruft sie ein lässiges „Alles Fidschi" zu und steigt auf die Plattform des Hinterhofs.

Lena

SCHREIBAUFGABE 6

Hey Tagebuch,

keine Ahnung, ob man das so macht. Habe noch nie einen Tagebucheintrag geschrieben. Doch ich muss meine vielen Gedanken aufschreiben. Sonst läuft mein Gehirn über wie ein Holzfass. Gerade komme ich vom Hinterhof. Es hat sich anders angefühlt als sonst. Es war ganz leicht, auf den Hinterhof zu gehen. Pavels Aussichtsturm ist fertig und ich bin nicht mehr nur daneben gestanden. Im Abseits. In der Mitte bin ich gestanden und habe erzählt. Alle waren da: Pavel, Otto, Vika, Leroy, Marvin, Can, Marie. Alle Augen auf mir. Ich habe erzählt von der Nordsee, von der Eisdiele und von Jo. Von seinen Armen ohne Mullbinden, von seiner Freude über unsere Suche. Davon, dass ich ihn und Otto belauscht hatte. Von Maries Erbsendose, die ich Jo gegeben habe. Maries Augen waren strahlend und traurig zugleich. Strahlend, weil ich Jo endlich gefunden hatte. Traurig, weil er nicht mitgekommen ist. Noch nicht, hat er gesagt. Aber bestimmt bald. Dann wird es auch für Marie und Jo ein Happy End geben. Mein Happy End hat Can heute perfekt gemacht. Zuerst die Nachricht: Lena, du fehlst! Dann wieder seine Hand in meiner. Keine lackierten Fingernägel mehr, und trotzdem unsere Hände ineinander. Sein Blick, seine Grübchen. Auch kein Entenarsch mehr. Auf der Autobahn bin ich gefahren. Meinen Verrat habe ich bereinigt – bei Marie und jetzt auch bei Jo. Ich bin keine Verräterin mehr. Das Meer hat Entenarsch verschwinden lassen. Niemand wird mich mehr Entenarsch nennen, auch Jo nicht. Heute war ich nicht mehr nur der Torwart. Ich habe Anlauf genommen, geschossen und ein wichtiges Tor für meine Mannschaft erzielt.

(262 Wörter)

➲ **Aufgabe 3**

Beschreibung	Textstelle
Lena sieht Can verträumt an und baut beinahe einen Unfall.	S. 39 f.: „»Was?«, ich schaue Can an, seine dunklen Wimpern so nah, seine Nase, die ein wenig zu groß ist, so nah, seine Grübchen so nah, Grübchen sollten bei Männern verboten sein, seine Lippen so nah, Can so nah, beim Autofahren eine dumme Idee, der Corsa fährt plötzlich nach rechts, ich blicke schnell wieder nach vorn, der Linienbus hinter mir hupt, ich lenke gegen, zurück auf die Fahrbahn, gerade noch mal gutgegangen."
Lena ist eifersüchtig auf das Puppengesicht.	S. 58: „Es geht mir um das hier, es geht mir um Can und seine Nähe, es geht mir um Can und mich. Und wenn das Puppengesicht noch einmal auftaucht, dann bringe ich sie um."
Lena nimmt Cans Hand.	S. 95: „Und da mache ich es einfach, ich nehme seine Hand. Als Can seine Finger um meine schließt, da weiß ich, dass es richtig gewesen ist."
Nachdem sie sich vier Tage nicht gesehen haben, sehen sie sich in die Augen.	S. 130: „Ich schaue ihm in die Augen und er mir, es fühlt sich vertraut an, das ist neu, und ich ahne, dass es gleich wieder schwer sein wird mit der Kupplung und dem Gas."
Sie küssen sich zum ersten Mal in der Öffentlichkeit.	S. 167 f.: „Ich ziehe ihn zu mir, endlich wieder seine Lippen auf meinen, unsere Zungen finden sich, und wir taumeln, lassen uns auf die Wiese fallen und taumeln noch immer, sein Gesicht über meinem."
Can appelliert an Lenas Selbstbewusstsein.	S. 170: „»Vielleicht solltest du langsam mal kapieren, dass du gar nicht so kacke bist, wie du denkst.«"
Can vermisst Lena.	S. 221: „Lena, was macht die Nordsee? Du fehlst. Bei Licht und überhaupt."

➲ **Aufgabe 4**

Individuelle Lösungen, wichtig ist, dass die Annäherung der Clique an Lena deutlich wird (siehe auch Figurenkonstellation).

SH 51

Den Roman untersuchen

Erzählperspektive und Aufbau

➲ Aufgabe 1

a)

Vorteil für die Autorin

Durch diese Erzählform wird z. B. möglich, dass etwas Wichtiges weggelassen wird (wie Entenarschs Nacht mit Can), weil die Erzählerin es verschweigt.

Vorteil für die Leserschaft

Die Lesenden können sich in die erzählende Figur gut hineinversetzen, da man Gedanken und Gefühle vermittelt bekommt.

Nachteil für die Leserschaft

Die Lesenden erfahren alles nur aus einer Sicht, von den Gefühlen der anderen Figuren erfahren sie nur, was die Erzählerin beschreibt. Die Erzählerin kann ihnen aber auch absichtlich etwas verheimlichen.

b) Individuelle Lösung, mögliche Antwort: Ich stimme nicht zu. Es war und ist Lenas Geschichte, weil es darum geht, wie sie sich im Laufe der Suche nach Jo weiterentwickelt.

➲ Aufgabe 2

a) Wie ist der Roman *Nach vorn, nach Süden* aufgebaut? Mehr als eine Antwort kann richtig sein.
 weitestgehend chronologisch
☒ chronologisch, mit Rückblenden

b) Der Roman ist weitestgehend chronologisch erzählt, dieses Muster wird jedoch durch die Rückblenden wie z. B. auf den Seiten 165 f. und 188 f. durchbrochen.

c)

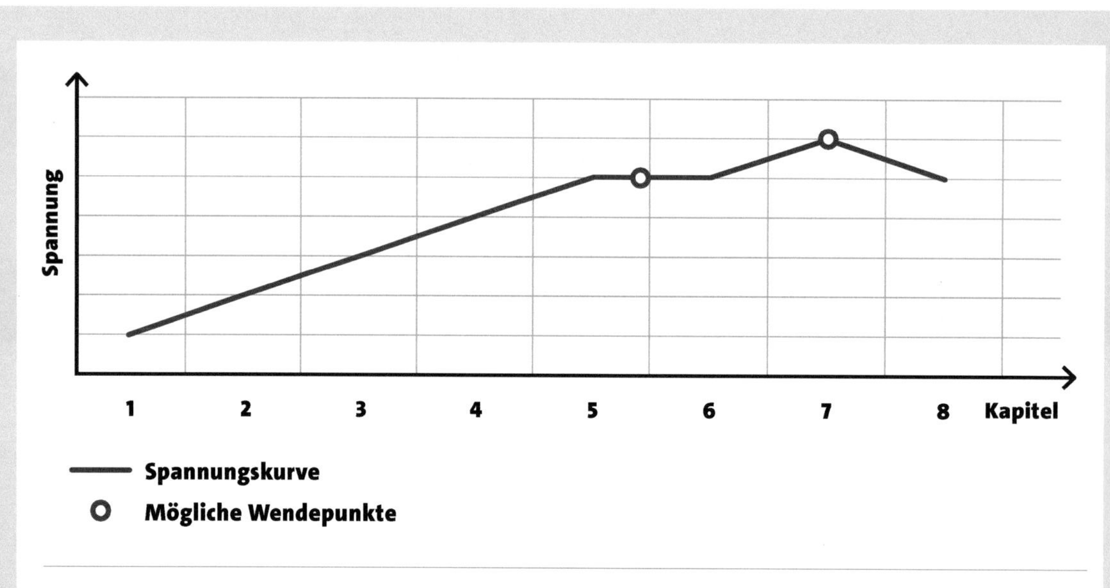

Mögliche Wendepunkte: Entenarschs Geständnis am Ende von Kapitel 5 und/oder Kapitel 7 Abschied vom Namen Entenarsch

➲ **Aufgabe 3**

a) In welcher Zeitform wird der Roman erzählt?

☒ Präsens

b) Das Geschehen liest sich dadurch, als würde Entenarsch live berichten, was passiert. Man fühlt sich als Leser mitten im Geschehen.

c) Die Rückblenden stehen meist im Präsens, teilweise im Perfekt.

d) Oft ist es nicht einfach, zu erkennen, wo eine Rückblende beginnt und endet. Die Handlung „verschwimmt“ beim Lesen manchmal mit den Rückblenden.

➲ **Aufgabe 4**

a) Es handelt sich bei *Nach vorn, nach Süden* um einen ...

☒ Coming-of-age-Roman

b) Der Roman erzählt den Reifeprozess der jungen Protagonistin auf dem Weg zum Erwachsenwerden.

Sprache und Stil

➲ **Aufgabe 1**

a) **Sackgasse:** Es geht nicht weiter im Leben.

Einbahnstraße: Zumindest die Richtung ist klar. Man kann allerdings nicht umkehren, nicht in eine andere Richtung oder zurückgehen.

Dauerbaustelle: Es ist kompliziert.

Kreisverkehr: Das Leben dreht sich im Kreis, man muss entscheiden, wie es weitergeht.

Überholspur: Es geht voran im Leben.

Standstreifen: Bei anderen geht es weiter, man selbst kann nur zusehen.

Fahrbahnverengung: Es wird schwieriger im Leben. Um nirgends ‚anzuecken‘, muss man langsamer vorangehen.

Mautstraße: Nichts ist umsonst im Leben, man muss für alles bezahlen.

Umgehungsstraße: Man kommt auf einem anderen Weg zum Ziel als gedacht.

Umleitung: Man umfährt ein Hindernis und kommt auf einem anderen Weg zum Ziel als gedacht.

Verkehrsberuhigte Zone: Es ist ruhig im Leben, nichts passiert.

Es werden noch weitere Metaphern wie „Kreuzung“ genannt. Ähnlich wie beim Kreisverkehr ist hier eine Entscheidung gefragt.

b) Individuelle Lösungen, im Roman sind sehr viele zu finden. Beispiele:

Zitat	Stilmittel	Wirkung
„»Der Erleuchtete wohnt neben dem Elektriker im Erlenweg in Erkenschwick.«“ (S. 39, Z. 22 ff.)	Alliteration	Hier: Komik durch Absurdität
„[...] aufgereiht wie die Joghurts im Kühlregal [...].“ (S. 190, Z. 5)	**Vergleich**	*Bildhafte Veranschaulichung; alle sitzen da und keiner weiß, was sie tun sollen.*
„Unsere Gesichter ganz nah. Can über mir.“ (S. 168, Z. 26)	**Ellipse**	*Reduktion auf das Wesentliche, beschleunigt das Erzählen.*
„»Fulda tötet mich.«“ (S. 76, Z. 1)	**Hyperbel**	*Verstärkt die Aussage, dass Fulda ihn fertigmacht.*
„[...] tanken ist tatsächlich keine große Sache, tanken ist eine Nebenerscheinung [...].“ (S. 109, Z. 13–15)	**Anapher**	*Verstärkt die Aussage, dass das Tanken unproblematisch ist.*
„Und dann wollen wir nicht mehr reden, wollen nicht mehr denken.“ (S. 57, Z. 26 f.)	**Parallelismus**	*Verstärkt die Sprachlosigkeit der beiden, die nicht weiter über Jo sprechen wollen.*

➲ **Aufgabe 2**

a) Individuelle Lösung

c) Individuelle Lösung, z. B. Friseursalon im geschlossenen Gasthaus zum ehemaligen Bahnhof, Brautmodenatelier im früheren Friseursalon im geschlossenen Gasthaus zum ehemaligen Bahnhof, Burgertempel im pleitegegangenen Brautmodenatelier im früheren Friseursalon im geschlossenen Gasthaus zum ehemaligen Bahnhof, Plattenladen im aufgegebenen Burgertempel im pleitegegangenen Brautmodenatelier im früheren Friseursalon im geschlossenen Gasthaus zum ehemaligen Bahnhof, Barbier im alten Plattenladen im aufgegebenen Burgertempel im pleitegegangenen Brautmodenatelier im früheren Friseursalon im geschlossenen Gasthaus zum ehemaligen Bahnhof ...

➲ **Aufgabe 3**

a)

1	Ich baue euch einen Aussichtsturm, da schlackern euch die Ohren.
2	Wenn dir das Leben Zitronen gibt, mach Limonade draus.
3	Wer hat noch nicht, wer will nochmal? Wer will nochmal, wer hat noch nicht?

b) Individuelle Lösung, mögliche Antworten z. B. Die erste fand er so sinnvoller. Bei der zweiten wird auf seine Vorliebe zu Orangenlimo angespielt, die in allen Notlagen hilft. Bei der dritten ist er betrunken und es ist vermutlich als Gag gedacht.

Themen

SH 55

Glücklich sein

➲ **Aufgabe 1**

Individuelle Lösung

➲ **Aufgabe 2**

a) **Am Anfang** ist Entenarsch unglücklich, weil sie nicht wirklich dazugehört und Can ihre Gefühle nicht erwidert.
Am Ende wirkt sie glücklich: Sie ist ein Teil der Clique und Can vermisst sie. Sie hat ihre Ängste überwunden und ihren Fehler mit Jo wiedergutgemacht.

b) z. B. als sie nach der Fahrt in Münster ankommen (vgl. S. 44), auf Bjarnes Party (vgl. S. 107), als sie auf dem Festival Vika mit Fine sieht (vgl. S. 149), als Pavel Otto zujubelt (vgl. S. 182), als sie von Jos Kinderfotos an der Nordsee spricht (vgl. S. 208)

c) ❶ Als sie aus Fulda nach Hause kommen und ihr bewusst wird, dass sie für die anderen trotz allem immer noch Entenarsch ist – und sie an ihr gescheitertes Studium erinnert wird.
❷ Als sie Marie die Geschichte hinter dem X beichtet.

➲ **Aufgabe 3**

a) Jo und dessen Mutter.

b) **Jo** war unglücklich, weil seine Mutter ihn bei seinem überforderten Vater zurückgelassen hatte, der sich nicht richtig um ihn kümmern konnte. Außerdem hat seine Freundin Marie ihn verlassen.
Jos Mutter war unglücklich und fühlte sich in ihrem Leben gefangen. Sie musste sich für die Familie abrackern, Geld verdienen und die Beziehung mit ihrem Mann war lieblos.

c) **Jo:** In Ulm bei Fünfzehn Cent war Jo glücklich. Dort wurde er von der Familie herzlich aufgenommen, was er von zu Hause nicht kannte. Insgesamt scheint es ihm am Ende des Romans schon wesentlich besser zu gehen, er verletzt sich nicht mehr selbst. Wirklich glücklich wirkt er noch nicht, aber die Auszeit hat ihm gutgetan. In der Zukunft könnte er glücklich werden: Marie will ihn zurück und als Erwachsener kann er sein eigenes Leben unabhängig von seinen Eltern gestalten. Seine Freunde können ihn dabei unterstützen.
Jos Mutter: Jos Mutter ist von ihrem Leben geprägt. Wirklich glücklich wirkt sie nicht, es belastet sie, dass ihr Sohn sie hasst. Vielleicht gelingt es ihr, sich mit ihm zu versöhnen, dann könnte sie glücklicher sein.

d) Individuelle Lösung, mögliche Antwort: Es kommt darauf an, was einen belastet. Vor manchen Problemen kann man nicht davonlaufen, bei anderen (z. B. einer toxischen Beziehung) ist ein Ausbruch durchaus eine Lösung.

Freundschaft

➲ **Aufgabe 1**

Individuelle Lösungen

➲ **Aufgabe 2**

a) Die Ergänzungen finden Sie in der Figurenkonstellation im Downloadbereich.

b) Individuelle Lösungen, Beispiele:

Marie

Zu Can: „[...] Marie krault Cans Hinterkopf [...].“ (S. 165, Z. 5)

Zu Lena: „»Inzwischen habe ich dich voll gern, nur damit du es weißt«, sagt sie. »Hätte ich nie gedacht, dass wir diesen Sommer Freunde werden.«“ (S. 187, Z. 26–28)

Zu Vika: „»Diese alten Mütter, die sind doppelt so alt wie du und bekommen das trotzdem nicht hin.«“ (S. 11, Z. 2 f.)

Vika

Zu Marie: „[...] nachdem Vika Marie umarmt und losgeheult hat [...].“ (S. 30, Z. 17 f.)
„[...] Vika hält Maries linke Hand.“ (S. 138, Z. 14 f.)

Zu Lena: „Vika will mir ihre Hand reichen, so fühlt es sich zumindest an, und ich lasse mich darauf ein, ich reiche ihr meinen kleinen Finger und sage mehr als zwei Sätze.“ (S. 131, Z. 29 – S. 132, Z. 3)

Lena

Zu Can: „Es geht mir um das hier, es geht mir um Can und seine Nähe, es geht mir um Can und mich.“ (S. 58, Z. 18 f.)

Zu Marie: „Der Mensch muss kein Heiliger sein, er muss nur so sein wie Marie.“ (S. 10, Z. 20 f.)

Zu Vika: „So viel Freundlichkeit von Vika trifft mich vollkommen unerwartet.“ (S. 127, Z. 12 f.)

Can

Zu Lena: „Lena, was macht die Nordsee? Du fehlst. Bei Licht und überhaupt.“ (S. 221, Z. 6–9)

Zu Marie: „Marie hat Can fest im Griff, das wissen wir alle. Bevor Can Marie auf die Zehen tritt, hackt er sich seine eigenen ab. So pathetisch ist die Freundschaft zwischen Can und Marie.“ (S. 21, Z. 12–15)

c) Individuelle Antwort, aber vermutlich ja, da das gemeinsame Abenteuer sie zusammengeschweißt hat.

Identität

➲ Aufgabe 1

Leitfragen 1:

a) Unter ‚Identität' versteht man alle Eigenschaften, die ein Individuum kennzeichnen und es damit von anderen abgrenzen.

b) Der Mensch stellt sich diese Frage mehrfach in seinem Leben, jedoch wird sie einem vor allem im Prozess des Erwachsenwerdens präsent, da hier die Bildung des Selbst auf ihrem Höchstpunkt ist.

c) Lösungsmöglichkeit:
- „gute Freunde haben, die einen anerkennen und akzeptieren"
- „einen Partner haben, dem man vertrauen kann"
- „ein gutes Familienleben führen"

Leitfragen 2:

a) Der Mensch ist stetig Einflüssen ausgesetzt, die sich auf das eigene Ich auswirken. Dazu verändern sich Einstellungen und Ansichten im Laufe der Zeit.

b) Jugendliche vertrauen sich oftmals eher Gleichaltrigen an, als beispielsweise ihren Eltern, da sie sich mit ihnen viel eher identifizieren können und diese sie einfach in vielen Dingen besser verstehen.

Leitfragen 3:

a) und b) individuelle Lösungen

➲ Aufgabe 2

a) Besonders wichtig sind ihr gute Freunde, denn sie möchte unbedingt dazugehören. Sie wünscht sich außerdem eine Ausbildung oder ein Studium, die/das ihr mehr Freude bereitet.

b) Sie findet in der Hinterhof-Clique engere Freunde, mit denen sie auch über Persönliches sprechen kann. Mit Can beginnt sie eine Beziehung, die sich allerdings noch weiterentwickeln muss.

Die Autorin Sarah Jäger

SH 61

➲ Aufgabe

b) Sarah Jäger stammt ursprünglich aus PADERBORN, lebt aber seit mittlerweile 20 Jahren im RUHRGEBIET. Sie ist ausgebildete THEATERPÄDAGOGIN.
Damit sie mehr Zeit fürs Schreiben hat, arbeitet sie halbtags in einem BUCHLADEN. Da sie nach eigener Aussage kein Nachtmensch ist, schreibt sie bevorzugt MORGENS. *Nach vorn, nach Süden* ist ihr ERSTER Roman. Die sprachliche Gestaltung ist von Wolfgang Herrndorfs *tschick* inspiriert. Ihr zweites Werk „DIE NACHT SO GROSS WIE WIR" war 2022 für den JUGENDLITERATURPREIS nominiert.

Auf den Seiten 50 und 51 in diesem Lehrerheft und farbig auch im Downloadbereich finden Sie unser Interview mit Sarah Jäger.

SH 62

Aufgaben im Stil des Prüfungsteils A2

Aufgaben zum Textverständnis

1. Lena hat zu Jo gesagt, dass Can möglicherweise in Marie verliebt sei, woraufhin dieser sie angepöbelt und „Entenarsch" genannt hat.

2. Metapher. Auf der Suche nach Fünfzehn Cent sagt Entenarsch, dass sie, falls jemand in Ulm verlorengehen sollte, sich sofort auf den Weg mache, um den- oder diejenigen zu suchen. Nun gehört sie zur Clique dazu, hat eine wichtige Aufgabe, sie steht nicht nur störend im Abseits, sondern ist wie der Torwart, der einspringt, falls die Mannschaft vor ihm eine Abwehr des Balles nicht schafft.

3. Otto und Vika waren einmal ein Paar und haben zusammen eine 1,5 Jahre alte Tochter namens Fine. „Otto hat mehrfach fremdgevögelt. Sie rennt ihm immer noch hinterher, auf Sandalen mit hohen Absätzen zwar, aber sie rennt ihm hinterher." (S. 137, Z. 29 – S. 138, Z. 2) Otto ist nun mit Yasmin zusammen, auf die Vika eifersüchtig ist.

4. Entenarsch und Marie. Zu Beginn des Romans ist Entenarsch eine Außenseiterin und mit niemandem aus der Clique richtig befreundet. Im Laufe der Suche nach Jo erleben die beiden viel miteinander und lernen sich besser kennen.

„»Du hast ewig auf dem Hinterhof abgehangen, obwohl dich keiner so richtig mochte. Das habe ich nie verstanden.«" (S. 187, Z. 5 f.)

„»Inzwischen habe ich dich voll gern, nur damit du es weißt«, sagt sie [Marie]. »Hätte ich nie gedacht, dass wir diesen Sommer Freunde werden.«" (S. 187, Z. 26–28)

Hier wären auch noch andere Figuren möglich.

5. Die Leserinnen und Leser kennen dadurch nur die Gedanken und Gefühle einer Figur im Roman.

Hier sind auch noch andere Nachteile möglich.

6. Er war früher mit seiner Familie öfter an der Nordsee. Dort hat er schöne Zeiten verbracht, an die er sich gerne wieder erinnern möchte. „»Ich habe gedacht, vielleicht finde ich hier irgendwas«, [...] »das ich vergessen hab.«" (S. 217, Z. 24–27) Er fühlt sich dort sicher.

Hier sind auch noch weitere Motive denkbar.

7. Jo war in der Grundschule mit einem Jungen, Urs Behrenberg, befreundet, der in Fulda wohnt, von wo Jo eine Postkarte an Marie geschrieben hat.

Jo war früher mit seiner Familie jeden Sommer an der Nordsee. Davon zeigt seine Mutter auch auch Fotos.

Hier wären auch noch weitere Informationen denkbar.

8. Elfchen. Jo fühlt sich dadurch, dass seine Mutter ihn verlassen hat und sein Vater mit ihm überfordert ist, überflüssig und traurig. Er möchte so nicht mehr weiterleben.

9. **Wörtlich:** Pavel hat einen Aussichtsturm gebaut, um weit aus dem Hinterhof hinausschauen zu können.

Übertragen: Man muss auch mal etwas wagen, sozusagen über den Tellerrand schauen, um etwas Neues erleben zu können.

10. Can nennt Lena in einer Nachricht bei ihrem richtigen Namen und er schreibt auch, dass sie ihm fehle. Außerdem rennt er ihr, als sie mit dem Wohnmobil Richtung Nordsee aufbricht, hinterher und hält ihre Hand.

Hier sind auch noch weitere Anzeichen möglich.

11. Fünfzehn Cent erzählt, dass Jo einige gute Wochen mit ihm in Ulm und dort auch mit Fünfzehn Cents Oma ein gutes Verhältnis hatte. Er ist es auch, der sagt, dass Jo ans Meer wollte.

12. Marie sagt, dass es nicht richtig von der Mutter gewesen sei, nur an sich zu denken und Jo bei dessen überfordertem Vater zu lassen.

Entenarsch kann Jos Mutter verstehen und nachvollziehen, dass sie in solch einer Situation gegangen ist.

13. Die Clique kann in der ersten Nacht in Münster bei Matthes übernachten und am nächsten Morgen frühstücken. Außerdem schenkt er Can die Lady Gaga-T-Shirts.

14. Sie fühlt sich von Anfang an zu Can hingezogen, ist verliebt in ihn. Am Ende des Romans scheint Can dies zu erwidern.

Zu Beginn ist Entenarsch eine Außenseiterin. Am Ende ist sie ein anerkanntes und vollwertiges Mitglied der Hinterhof-Clique.

Hier sind auch noch weitere Konflikte möglich.

15. Entenarsch und Can → Can interessiert sich am Anfang nicht für Entenarsch; gegen Ende sind die beiden verliebt.

Vika und Entenarsch → Vika und Entenarsch mögen einander erst nicht, gegen Ende sind die beiden befreundet.

Hier sind noch weitere Unterschiede möglich.

16. Sie erzählt, als würde sie mündlich berichten, lässt immer wieder ihre Gedanken einfließen und benutzt einige sprachliche Mittel.

PRODUKTIVE SCHREIBAUFGABE

Autobahn ... Ich fahre wirklich auf der Autobahn! Was für ein Gefühl! Keine Panik mehr. Ich kann das. Ich kann noch viel mehr ... Jo finden. Das kann ich auch. Er muss an der Nordsee sein. Die Bilder im Fotoalbum. Glücklich war Jo an der Nordsee. Er kann nur dort sein. Doch wie wird er reagieren? Auf mich? Auf Entenarsch? Nie mehr soll er mich so nennen! Nie mehr! Ich möchte kein Entenarsch mehr sein! Verändert habe ich mich. Ich bin keine Verräterin mehr. Spiele nicht mehr im Abseits. Ich stehe schon im Tor. Bei unserem Fußballspiel. Nicht mehr Ping Pong. Marie ist eine Freundin. Und Can – was ist er für mich? Unser Abschied. Hinterhergerannt ist er mir im Wohnmobil. Meine Hand hat er gehalten. Unsere rot lackierten Fingernägel. Verliebt – ja, das bin ich. Er auch in mich? Doch keine beschissene Polonaise mehr, bei der mir keiner hinterherrennt. Rennt mir Can hinterher? Ich sehe ihn wieder auf dem Hinterhof. Wir werden sehen. Wird Jo mit mir zurückkommen? Zu den anderen? Auf den Hinterhof? Finde ich ihn überhaupt? Wo fange ich denn an zu suchen? An der Eisdiele, ja, an der Eisdiele, da suche ich zuerst. Seine Mutter ... Wird er ihr jemals verzeihen können? Allein gelassen hat sie ihn mit einem unfähigen, überforderten Vater. Sie konnte nicht anders. Unsere Suche, unser Trip: Münster, Matthes, Fulda, Urs Behrenberg, Ulm, Fünfzehn Cent und seine Oma. Er hatte den Tipp mit dem Meer. Das Festival, die Blümchenschlüpper. Und jetzt die Nordsee. Auf der Autobahn Richtung Nordsee. Mit oder ohne Jo zurück. Aber auf jeden Fall als Torwart!

(266 Wörter)

Interview mit Sarah Jäger

„Jede:r hat eine Geschichte, die es wert ist, erzählt zu werden."

Liebe Frau Jäger,

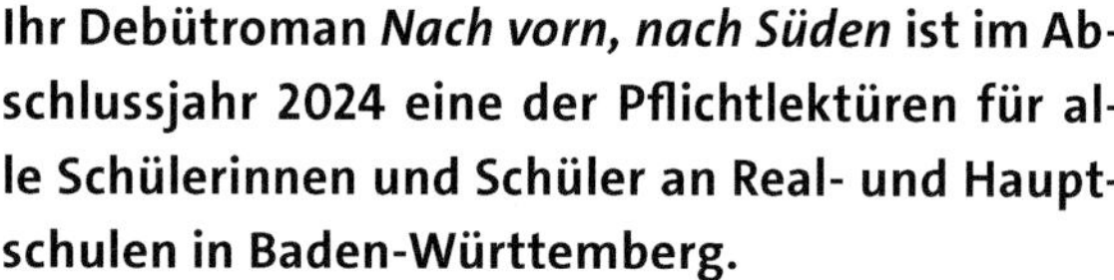

Ihr Debütroman *Nach vorn, nach Süden* ist im Abschlussjahr 2024 eine der Pflichtlektüren für alle Schülerinnen und Schüler an Real- und Hauptschulen in Baden-Württemberg.

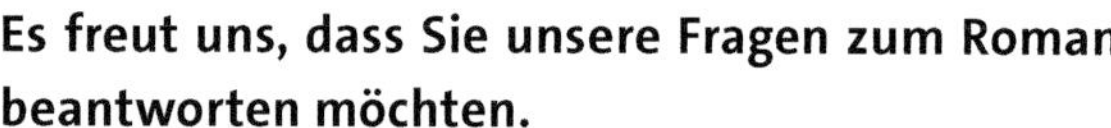

Es freut uns, dass Sie unsere Fragen zum Roman beantworten möchten.

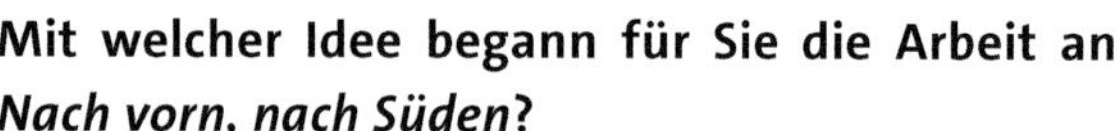

Mit welcher Idee begann für Sie die Arbeit an *Nach vorn, nach Süden*?

Es klingt vielleicht seltsam, aber es begann mit dem Scheitern.

Mir geht es wie vielen anderen Autor:innen: *Nach vorn, nach Süden* ist nicht mein erster Roman – mein so wirklich richtig erster Roman liegt immer noch in der Schublade und wurde nicht veröffentlicht. Es ging um das Leben in einem etwas heruntergekommenen Stadtviertel – und in diesem Stadtviertel war der Penny-Markt ein zentraler Anlaufpunkt, sowas wie der moderne Dorfplatz. Jo, der in *Nach vorn, nach Süden* verschwunden ist, war eine der Hauptfiguren meines ersten Romans. Marie und Can tauchen bereits auf, der Hinterhof, die Holzpaletten. Und auch Lena läuft zwei- oder dreimal durchs Bild. Eine Literaturagentur hatte *Nordseite* verschiedenen Verlagen angeboten, aber damals hat niemand Interesse gezeigt. Das Warten und Hoffen macht einen irgendwann ziemlich fertig, und um nicht komplett durchzudrehen, habe ich mir Lena aus dem ersten Roman rausgepickt und angefangen, *Nach vorn, nach Süden* zu schreiben, indem ich also eine vermeintliche Randfigur ins Zentrum der Handlung stellte. Ich habe neben Marie, Can und Lena neue Protagonist:innen in den Penny-Hinterhof geholt. Vika, Otto, unseren Pavel, Leroy, Marvin. Plötzlich waren sie alle da, haben mein Herz erobert, und die Reise konnte losgehen.

Die Romanfiguren sind alle auf ihre eigene Art liebenswert. Wenn Sie sich entscheiden müssten, welche ist Ihnen die liebste und warum?

Da werde ich mich niemals entscheiden können. :-) Wie man an der Entstehung von *Nach vorn, nach Süden* sehen kann, liegen mir auch die Neben- und Randfiguren sehr am Herzen. Vielleicht werden unser Pavel oder aber auch Marvin irgendwann noch einmal wichtige Protagonisten in einem anderen Roman. Wer weiß?! Jede:r hat eine Geschichte, die es wert ist, erzählt zu werden.

Entenarsch ist ein eher ungewöhnlicher Spitzname. Wie kamen Sie darauf?

Ohne großartig darüber nachzudenken, hatte ich Lena bereits in meinem unveröffentlichten Roman *Nordseite* diesen Namen gegeben. Und deshalb war es mir so wichtig, in *Nach vorn, nach Süden* nachzuvollziehen, was dieser Name mit ihr macht. Im Grunde geht es ja darum, wie Sprache uns und unser Leben beeinflusst und prägt.

Woher kommt der Ausspruch „Alles Fidschi?"? Gibt es dazu vielleicht einen persönlichen Hintergrund?

Irgendein Kritiker hat mal geschrieben, dass es so wirkt, als ob ich meine Ideen in die Luft werfe und gucke, was da oben mit ihnen passiert. Ich finde, das hat er ziemlich gut erkannt. :-) Ich gucke, was mit meinen Ideen so passiert, und wenn mir gefällt, was da passiert, dann schreibe ich es auf.

Das von mir komplett ausgedachte „Alles Fidschi" ist vielleicht ein gutes Beispiel, um kurz über das Thema Jugendsprache zu reden. Mir ist es ganz wichtig, dass ich keine aktuelle Jugendsprache imitiere, denn da würde ich mich ziemlich schnell blamieren, würde die ganze Zeit Worte benutzen, die man seit fünf Monaten nicht mehr sagt, und so weiter.

Wolfgang Herrndorf (Autor von *tschick*) hat zum Thema Jugendsprache in der Literatur geschrieben: „Wenn man erst mal anfängt, mit Slang um sich zu schmeißen, wird man doch schon im nächsten Jahr ausgelacht.“ So sehe ich das auch.
Ich versuche aber, eine Sprache zu finden, die jung klingt. Das mache ich zum Beispiel über das Tempo und den Rhythmus. Und manchmal auch über Begriffe und Ausdrücke, die ich mir selber ausdenke. Mein Wunsch ist es, dass die Sprache auch in zehn Jahren noch jung klingt. Aber es ist immer nur ein Versuch und immer nur eine Annäherung.

In Ihrem Roman kommen an einigen Stellen Emojis vor, diese sind jedoch ausgeschrieben, nicht abgebildet. Gibt es dafür einen bestimmten Grund?
Diese Idee habe ich wohl auch in die Luft geworfen.

Ihnen wird oft ein sehr natürlicher Jugendslang nachgesagt. Woher nehmen Sie Ihre Inspiration dafür?
Dazu habe ich ja schon ein bisschen was erzählt. Außerdem habe ich zehn Jahre lang als Theaterpädagogin gearbeitet.

Ich habe viele Theaterprojekte mit Jugendlichen durchgeführt, habe zusammen mit ihnen Figuren und Theaterstücke entwickelt, habe dann Dialoge geschrieben, immer wieder nach einer Sprache gesucht, die nah an den Jugendlichen und ihren Figuren bleibt. Das war eine ganz gute Schule, denke ich.

Der Roman wird ja aus der Sicht von Lena erzählt. Hätte es für Sie auch eine Alternative gegeben, die Geschichte anders zu erzählen?
Ich hätte auch aus der Perspektive von Can, Marie oder Vika erzählen können, aber dann wäre es eine andere Geschichte geworden. Andere Themen hätten im Vordergrund gestanden. In diesem Fall und für diesen Roman war es für mich von Anfang an klar, dass es mir nur um Lenas Perspektive geht. Ich kann mir aber immer noch vorstellen, dass es irgendwann mal ein Prequel oder Sequel aus einer anderen Perspektive geben wird. :-)

Beim Lesen erlebt man den Roadtrip zum Festival hautnah. Hand aufs Herz: Wie viel Autobiografie steckt darin?
Mit Hand auf dem Herzen: Die Handlung und die Figuren sind komplett ausgedacht. Aber natürlich kenne ich das ganze Drumherum: jung sein, Freundschaften, Festivals, Partys. Die eigenen Erfahrungen haben wahrscheinlich die Atmosphäre des Romans sehr geprägt.

Sie sind als Jugendbuchautorin erfolgreich, 2022 waren Sie für den Jugendliteraturpreis nominiert. Wie der Preisträger Benedict Wells sind Sie nicht den klassischen Weg eines Literaturstudiums gegangen. Welchen Tipp würden Sie schreibbegeisterten Schülerinnen und Schülern mit auf den Weg geben?
Schreiben, immer weiterschreiben. Ideen in die Luft werfen. Sich Menschen suchen, die auch schreiben, und gemeinsam über die eigenen Texte sprechen. Nicht aufgeben und immer daran denken: Fast alle Autor:innen haben einen Roman in der Schublade, den niemand wollte.

Vielen Dank für das Interview.

Die Geschichte hinter dem X

➲ **Aufgabe 1: Einen Comic zeichnen**

Auf dem Festival fasst Entenarsch sich ein Herz und erzählt Marie die Geschichte hinter dem X. Zeichne einen Comic mit den Szenen von Seite 183–189. Du kannst dafür ein DIN-A3-Blatt verwenden, dann hast du genug Platz.

a) Überlege dir zunächst, welche Szenen du in den einzelnen Panels darstellen möchtest und wie viele Panels du dafür brauchst.

Tipp: Wenn du unsicher bist, nimm acht Panels und versuche, darin die Handlung unterzubringen. Die Dialoge musst du etwas kürzen.

b) Notiere inhaltliche Stichpunkte zu den Panels deines Comics.

c) Unterteile das Blatt in die geplante Anzahl der Panels und gestalte sie.

Tipp: Du kannst auch mit groben Skizzen anfangen und dann auf einem neuen Blatt deinen finalen Comic zeichnen.

Aufbau eines Comics

Die Geschichte in einem Comic ist aus mehreren Panels aufgebaut.
Ein Panel ist ein umrahmtes Einzelbild eines Comics.
In einem Panel können verschiedene Inhalte dargestellt werden.

- Ein Panel enthält ein **gezeichnetes Bild.**
- Es kann **Sprechblasen** oder **Denkblasen** zu den Figuren enthalten.
- Ein **Textfeld** befindet sich meist oben im Panel. Es enthält zum Beispiel Angaben zur Handlung oder eine Information zum Szenenwechsel.
- Auch **Geräusche und Ausrufe** kannst du grafisch darstellen. Das nennt man Lautmalerei. Oder wie Entenarsch sagen würde: Onomatopoesie.

➲ Aufgabe 2: Eine Fotostory gestalten

Auf dem Festival fasst Entenarsch sich ein Herz und erzählt Marie die Geschichte hinter dem X. Gestaltet zu viert eine Fotostory mit den Szenen von Seite 183–189. Ihr könnt dafür eine Kamera oder ein Smartphone verwenden.

a) Überlegt euch zunächst:

- Welche Szenen wollt ihr in den einzelnen Fotos darstellen?
- Wie viele Fotos wollt ihr machen?
- Wer übernimmt welche Rolle?
- Welche Requisiten braucht ihr?

Tipp: Wenn ihr unsicher seid, versucht, eure Handlung in acht Fotos unterzubringen.

Bild bearbeitet, Original von bhossfeld auf Pixabay

b) Haltet Stichpunkte zum Inhalt eurer Fotostory fest. Die Dialoge müsst ihr kürzen.

c) Gestaltet gemeinsam eure Fotostory. Ihr könnt die Fotos anschließend auch beschneiden oder mit einem Programm bearbeiten.

Aufbau einer Fotostory

Eine Fotostory besteht aus mehreren Fotos. Ihr könnt die Fotos mit Sprechblasen oder Denkblasen der Figuren gestalten und auch Textfelder verwenden, in denen Angaben zur Handlung oder Szenenwechsel beschrieben werden. Achtet dabei auf:

- passende **Sprechblasen** oder **Denkblasen**
- **Bildbeschreibungen** unten oder oben am Bild
- Fotos in **guter Qualität** (Schärfe, Licht) und aus **verschiedenen Perspektiven**
- einen **verständlichen Ablauf**

Werbung und Social Media

➲ **Aufgabe 1: Werbeplakat**

Gestalte ein Werbeplakat im Format DIN A3 für den Roman *Nach vorn, nach Süden*. Mache dir zunächst Notizen und erstelle eine Skizze, bevor du dich an die Umsetzung machst.

Wähle ein spannendes Format und Layout.

Tipps für ein Werbeplakat

1. **Das Wichtigste: Aufmerksamkeit erregen.** In unserem Alltag können wir Informationen blitzschnell sortieren. Wir entscheiden innerhalb von Sekunden, ob uns etwas anspricht oder nicht. Deshalb muss ein Plakat die Aufmerksamkeit seines Betrachters wecken. Dies kann ein auffälliger Schriftzug, eine tolle Grafik oder eine besondere Farbgebung sein. Man spricht in der Werbung auch von einem Eye-Catcher, weil mit diesem Element das Auge sprichwörtlich gefangen wird.

2. Hast du die Aufmerksamkeit deines Betrachters erlangt, gilt es nun, ihn an dein **Thema zu fesseln**. Dabei ist besonders wichtig, dass der Betrachter das Thema klar erkennen kann. Deshalb sollten der Romantitel und der Name der Autorin vorkommen.
Eine Alternative wäre, ganz geheimnisvoll zu bleiben, um neugierig zu machen. Dann sollte aber ein Link/QR-Code auftauchen, über den die Betrachter zu dem Produkt oder einem Werbevideo kommen.

3. Dein Plakat sollte überzeugen und Antworten auf die Fragen liefern: **Was macht das Buch aus? Warum sollte man es lesen?** Wähle also passende Bilder und kurze Texte, um deine Message rüberzubringen.

4. **Action!** Zum Schluss möchtest du eine Handlung beim Betrachter auslösen. Du könntest z. B. einen Link zu einer Website anbieten, auf der sich der Betrachter weiter über den Roman informieren oder diesen kaufen kann.

5. Achte auf eine **ansprechende Gestaltung** und ein spannendes Format. Die Farben sollten harmonieren und es sollten nicht zu viele Schriftarten verwendet werden. Außerdem solltest du groß schreiben und einen kräftigen Edding verwenden.

Aufgabe 2: Social-Media-Post

Arbeitet in kleinen Gruppen zusammen. Gestaltet einen Social-Media-Post (also z. B. für Instagram/FB/Twitter/TikTok). Das kann ein Text, aber auch ein Video sein.

Themenvorschläge:

- Buchvorstellung von *Nach vorn, nach Süden*
- Lesung der Autorin Sarah Jäger an eurer Schule
- Themen des Romans: Freundschaft, Glücklichsein, Identität ...

a) Sucht euch eines der vorgeschlagenen Themen aus oder wählt ein ganz eigenes, das ihr mit dem Roman verbindet. Überlegt euch vorab, welche Elemente ein Post braucht und was wichtig ist.

b) Sortiert dann eure Inhalte, formuliert sie aus, bereitet sie auf und gestaltet sie kreativ und ansprechend. Ihr könnt eure Ideen analog auf einem Blatt Papier umsetzen. Es gibt aber auch Fake-Generatoren (z. B. zeoob.com), die ihr nutzen könnt.

c) Gebt den anderen Gruppen Feedback, indem ihr Likes verteilt oder Kommentare verfasst. Ihr könnt die Posts auch ausdrucken und im Klassenzimmer aushängen, dann können die anderen Gruppen euch mit Post-its ihr Feedback geben.

Eine Rollenbiografie verfassen

SCHREIBAUFGABE

Jo kommt in dem Roman erst ganz am Schluss zu Wort, als er sich an der Nordsee mit Entenarsch unterhält.

a) Lies dir zur Vorbereitung deine Notizen auf Jos Figurenkarte (S. 42 in deinem Schülerarbeitsheft) durch.
b) Verfasse Jos Rollenbiografie mithilfe seiner Figurenkarte und den Erkenntnissen, die du während der Lektüre über ihn gewonnen hast.

Eine Rollenbiografie

Bei der Rollenbiografie schlüpfst du in die Rolle einer Figur und erstellst einen Text, in dem sich die Figur vorstellt.

- Die Rollenbiografie wird wie ein Monolog aus der Sicht einer Figur in Ich-Form verfasst.
- Die Figur spricht dabei im Präsens.
- Versuche, die Sprache der Figur in deine Formulierungen einfließen zu lassen.
- Der Aufbau einer Rollenbiografie folgt keinem festen Schema. Stelle dich anfangs kurz vor: „Ich heiße ...". Danach stellst du die Figur und ihre Geschichte vor. Abschließend kannst du auf die jetzige Situation eingehen und Wünsche, Ziele oder Befürchtungen fomulieren.
- Eine Rollenbiografie beinhaltet auch eine selbstkritische und ehrliche Reflexion. Frage nach Sinn und Richtigkeit, entwickle gegebenenfalls andere Sichtweisen oder ziehe Schlussfolgerungen.

c) Tragt eure Rollenbiografien in der Klasse vor. Im Anschluss an den Vortrag können die Zuhörerinnen und Zuhörer der Figur noch Fragen stellen. Ihr könnt die Figur beispielsweise fragen, warum sie bestimmte Dinge gemacht hat oder welche Meinung sie zu anderen Figuren hat.

Ein Rolleninterview

Im Rolleninterview befragt ihr die Person, die sich vorher in der Rollenbiografie vorgestellt hat. Ihr könnt dazu auch in die Rolle einer anderen Figur schlüpfen.

LEISTUNGSMESSUNG

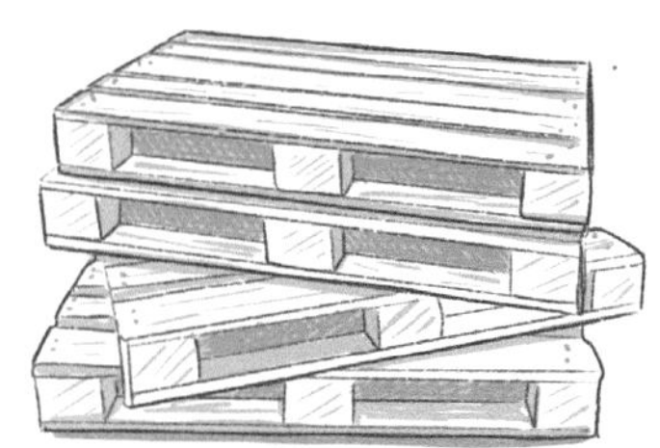

Klassenarbeit

1. Welche Bedeutung hat der Hinterhof für die Clique? Nenne zwei Aspekte. (2 P)

2. Entenarsch benutzt oft Metaphern, um ihre Rolle in der Clique zu beschreiben. Nenne eine dieser Metaphern und beschreibe kurz ihre Bedeutung. (2 P)

3. Erkläre in zwei Sätzen, wie Entenarsch symbolisch ihren Spitznamen loswird und was das für sie bedeutet. (2 P)

4. Beschreibe Jos familiäre Situation in zwei Sätzen. (2 P)

5. Es handelt sich in *Nach vorn, nach Süden* um einen personalen Ich-Erzähler. Nenne einen Vorteil, der sich daraus für die Leserinnen und Leser ergibt. (1 P)

6. „Und Marie rennt Jo hinterher, Can rennt Marie hinterher, ich renne allen hinterher, mir rennt niemand hinterher. Ich bin das Schlusslicht einer beschissenen Polonaise." (S. 138, Z. 2–5) (1 P)

   Um welches Stilmittel handelt es sich bei Entenarschs Aussage? Deute die Aussage kurz.

7. Was hat sich an Jo verändert, als Entenarsch ihn an der Nordsee findet? Was könnte das für seine Befindlichkeit bedeuten? (2 P)

8. Die Suche nach der eigenen Identität – ein Thema im Roman. Beschreibe in drei Sätzen, inwiefern Entenarsch dabei erfolgreich ist. (3 P)

9. „Ich gehe noch einmal zum Strand, schreibe ›Entenarsch‹ in den Sand und sehe zu, wie der Name im Meer verschwindet." (S. 220, Z. 17 f.) (12 P)

   Lena bleibt noch ein paar Minuten am Strand. Sie setzt sich in den Sand, beobachtet das Meer und schreibt, um ihre Gedanken und Gefühle zu ordnen, einen Tagebucheintrag. Dabei gehen ihr die vergangenen Tage nochmals durch den Kopf. Sie denkt auch daran, wie sie auf den Hinterhof zurückkehren wird.

   Schreibe Lenas Tagebucheintrag (mind. 250 Wörter).

Viel Erfolg!

Die Klassenarbeit mit Lösungsvorschlag finden Sie auch im Downloadbereich.

Lösungsvorschlag

1. Er ist ein Treffpunkt für die Clique. Hier werden z. B. Feste gefeiert, wenn jemand etwas zu feiern hat, an Feiertagen und Feierabenden können die Jugendlichen hier gemeinsam Zeit verbringen und ihre Freundschaften pflegen.
   Hier wären auch noch andere Aspekte denkbar.

2. „Die spielen Fußball. Ich spiele Pingpong." (S. 111, Z. 9 f.) Entenarsch hat das Gefühl, dass sie nicht zum Team Hinterhof, also nicht zur Clique, dazugehört. Die anderen interessieren sich nicht für sie.
   Hier sind auch andere Metaphern möglich.

3. Als Entenarsch an der Nordsee ist und sich dort mit Jo getroffen und mit ihm geredet hat, schreibt sie ihren Spitznamen „Entenarsch" in den Sand und sieht zu, wie das Meer ihn wegwischt und verschwinden lässt. Sie wird kein Entenarsch mehr sein, wird ein neuer Mensch sein, keine Verräterin mehr. Außerdem hat sie eine neue Rolle in der Clique. Sie ist erleichtert und froh.

4. Jos Mutter hat die Familie verlassen, weil es für sie zu Hause mit ihrem Mann unerträglich war, und ist zu Henry, ihrem neuen Freund, nach Münster gezogen. Jo lebt seither bei seinem Vater, der mit ihm überfordert ist.

5. Die Leserinnen und Leser können sich dabei in den personalen Ich-Erzähler sehr gut hineinversetzen, da dessen Gedanken und Gefühle preisgegeben werden. Sie lernen eine Figur damit intensiv kennen.
   Hier sind auch andere Vorteile möglich.

6. Es handelt sich hierbei um eine Metapher. Entenarsch ist die Außenseiterin, von der niemand etwas wissen möchte. Sie hat das Gefühl, sich um die anderen zu bemühen, diese interessieren sich aber nicht für sie.

7. Jo hat keine Mullbinden mehr an den Armen. Das heißt, dass er sich wohl schon seit längerer Zeit nicht mehr selbst verletzt hat. Vermutlich fühlt er sich durch den Abstand von zu Hause wohler, sicherer, nicht mehr so traurig und verzweifelt und er hat nicht mehr den Drang nach einer Selbstverletzung.

8. Zu Beginn des Romans ist Entenarsch eine absolute Außenseiterin und sie fühlt sich als Verräterin, da sie aus Rache Maries und Jos Beziehung zerstört hat. Doch im Laufe der Handlung erlebt sie viel mit den anderen der Hinterhof-Clique, was sie näher zusammenbringt, und sie klärt ihren Verrat gegenüber Marie und Jo auf. Am Ende gehört sie zur Clique dazu und sie ist kein Entenarsch, also keine Verräterin, mehr.

9. Hey Tagebuch,

   keine Ahnung, ob man das so macht. Habe noch nie einen Tagebucheintrag geschrieben. Aber diesen Moment muss ich irgendwie festhalten. Anders als auf einem Foto. Es ist der Moment, in dem Entenarsch sich verabschiedet hat. Endgültig! Das Meer hat meinen in den Sand geschriebenen bescheuerten Spitznamen einfach verschwinden lassen. Nie wieder werde ich Entenarsch sein, nie wieder eine Verräterin, nie wieder jemand, der aus Rache handelt, nie wieder jemand, der nicht dazugehört und nur den anderen hinterherrennt. Nie wieder werde ich das Schlusslicht einer beschissenen Polonaise sein. Jetzt bin ich mittendrin, jetzt läuft auch mir jemand hinterher. Nie mehr im Abseits, jetzt spiele ich mit, für mein Team. Was für ein Gefühl, auf den glattgestrichenen Sand zu blicken. Erleichterung, und ein bisschen Freiheit. Die Schrift im Sand – Vergangenheit. Genauso wie Entenarsch! Zum Glück habe ich Jo gefunden, konnte ich ihm die Wahrheit erzählen und ihm sagen, dass ich nie wieder Entenarsch genannt werden möchte. Ich bin Lena! Und als diese werde ich auf den Hinterhof zurückkehren. Zu den anderen, zu Pavel, Marie, Otto, Vika, Leroy, Marvin und zu Can. ▶

Ich werde eine gute und eine schlechte Nachricht im Gepäck haben: Ich habe Jo gefunden, doch ich kehre ohne ihn zur Clique auf den Hinterhof zurück. Aber immerhin mit seiner Handynummer. Die hat er mir noch auf den Handballen geschrieben. Marie, sie wird enttäuscht sein. Und doch glücklich. Bestimmt. Can, ihn vermisse ich. Wie er meine Hand nicht losgelassen hat, als ich im Wohnmobil Richtung Nordsee aufgebrochen bin. Unsere gemeinsame Nacht. Wie wird unsere Geschichte weitergehen? Lena und Can. Beim Betreten des Hinterhofs werde ich mehr wissen ...

(269 Wörter)

Vorschlag für einen Bewertungsschlüssel zur Schreibform Tagebucheintrag

Form		
Formale Aspekte	evtl. mit Anrede, Ich-Form, evtl. Name unter den Eintrag	**1 P.**
Sprache		
Grammatik	**Gr** (Tempus, Modus, Kasus, Numerus-Übereinstimmung) **Sb** (unvollständige Sätze möglich, Ein-Wort-Sätze möglich, Interjektionen möglich, Einsatz seltener Satzzeichen, verschiedener Satzarten usw.)	**2 P.**
Stil	**A** (Ausdruck wie Alltagssprache, auch Jugendjargon) **St** (wie mündlicher Sprachgebrauch; emotional, Abbrüche möglich, Gedankenwechsel; teilweise erzählerisch; Nutzung von Metaphern)	
Inhalt		
Situation	Anbindung an Kontext, Stimmigkeit der Zusammenhänge; Entenarschs Kenntnisstand und Emotionen beachten	**1 P.**
Rückblenden	Begegnung mit Jo, die Geschichte hinter dem X, ihre Rolle in der Hinterhof-Clique	**1,5 P.**
Gegenwart	Spitzname „Entenarsch" verschwindet im Meer; Gefühle Erleichterung, Glück, usw.; Erkenntnis, nie wieder Entenarsch (eine Verräterin, Außenseiterin) zu sein	**2 P.**
Zukunftsgedanken	Vorfreude auf die Rückkehr auf den Hinterhof als Lena; die vermutlichen Reaktionen der anderen; Jos Rückkehr, die irgendwann bestimmt stattfinden wird; Beziehung zu Can	**1,5 P.**
Figurenverstehen	Berücksichtigung von Entenarschs Charaktereigenschaften; Kenntnis über Entenarschs Gefühls- und Verhaltensänderungen; Kenntnis der Figuren und deren Eigenschaften, über die Entenarsch sich äußert	**2 P.**
Rechtschreibung (Pflicht zur Berücksichtigung; Beachtung der amtlichen Hinweise zur Prüfung)		**1 P.**
	Gesamtpunkzahl	**12 P.**

Hinweise zur Differenzierung für den Werkrealschulabschluss

Der Werkrealschulabschluss und dessen Anforderungsniveau sind mit dem Realschulabschluss vergleichbar. Deshalb können die Schülerinnen und Schüler, die einen Werkrealschulabschluss anstreben, das Schülerarbeitsheft ebenfalls als Grundlage zur Prüfungsvorbereitung nutzen. Jedoch ist eine Differenzierung bei einigen Aufgaben, die zum Beispiel eine Transferleistung verlangen, sinnvoll, um optimal auf den entsprechenden Abschluss vorbereitet zu sein.
Deshalb bieten wir ein Differenzierungsmaterial im Onlinebereich des Schülerarbeitsheftes an, sodass das Erwerben eines Textverständnisses ebenso wie das Üben und Trainieren für die Abschlussprüfung optimal gelingen kann.

Die Werkrealschülerinnen und -schüler finden im Schülerarbeitsheft an den entsprechenden Stellen jeweils ein WRS-Icon, das ihnen anzeigt, welche Aufgaben sie in differenzierter Form im Onlinebereich finden können. Sowohl in den Bereichen der „Inhaltssicherung", „Figuren und ihre Beziehungen" als auch im Bereich „Themen" werden den Schülerinnen und Schülern Aufgaben als Download angeboten, die weniger komplex oder mit mehr Hilfestellungen versehen sind als die im vorliegenden Schülerarbeitsheft.

Folgende Aufgaben aus dem Schülerarbeitsheft lassen sich im Onlinebereich in differenzierter Form finden:

- Seite 12, Aufgabe 5
- Seite 16, Aufgabe 9 a)
- Seite 25, Aufgabe 3 a)
- Seiten 46 f., Aufgabe 2
- Seite 53, Aufgabe 1
- Seite 55, Aufgabe 3
- Seiten 56 f., Aufgabe 2 b)
- Seite 63, Aufgaben im Stil des Prüfungsteils A2

Da die Leistungsniveaus von Schülerinnen und Schülern ja bekanntlich sehr unterschiedlich sind, können Sie das Differenzierungsmaterial natürlich auch für Ihre Realschulabschluss-Anwärterinnen und -Anwärter nutzen, die bei der einen oder anderen Aufgabe mehr Hilfestellungen benötigen. Welche Aufgaben die Schülerinnen und Schüler letztendlich eigenständig bearbeiten und welche Sie im Plenum aufgreifen bzw. gemeinsam in der Klasse lösen wollen, liegt selbstverständlich immer in Ihrem eigenen Ermessen.

Das Arbeitsblatt ▶ **Alkohol, Drogen und Gesetzesverstöße** ist für das Textverständnis nicht unbedingt nötig, sondern dient einer intensiveren und tiefgründigeren Auseinandersetzung mit der Lektüre.

Die produktiven Schreibaufgaben im Schülerarbeitsheft müssten für den Werkrealschulabschluss insofern angepasst werden, dass Sie die verlangte Mindestanzahl an Wörtern auf 150 herabsetzen können.

Im Downloadbereich dieses Lehrerhefts finden Sie Lösungsvorschläge zu den Differenzierungsaufgaben.